如何漫游无穷

INFINITY

THE
TRAVELLER'S
GUIDE

James M. Russell

[英] 詹姆斯·M. 罗素 著

青年天文教师连线 译

北京联合出版公司

Beijing United Publishing Co.,Ltd.

后浪

图书在版编目（CIP）数据

如何漫游无穷 /（英）詹姆斯·M.罗素著；青年天文教师连线译. -- 北京：北京联合出版公司，2023.1

ISBN 978-7-5596-6316-0

Ⅰ.①如… Ⅱ.①詹… ②青… Ⅲ.①无限－普及读物 Ⅳ.① B025.9-49

中国版本图书馆 CIP 数据核字（2022）第 113441 号

Infinity: The Traveller's Guide by James M. Russell
Created by Hugh Barker for Palazzo Editions Ltd
Cover art and illustrations by Diane Law
Copyright © Text and illustrations © 2018 by Palazzo Editions Ltd, design & layout © 2018 Palazzo Editions Ltd

Simplified Chinese edition copyright © 2023 by Beijing United Publishing Co., Ltd. All rights reserved.
本作品中文简体字版权由北京联合出版有限责任公司所有

如何漫游无穷

[英]詹姆斯·M.罗素（James M. Russell）　著

青年天文教师连线　译

出 品 人：赵红仕　　　　　　　　　责任编辑：周　杨
出版监制：刘　凯　赵鑫玮　　　　　封面设计：奇文云海
选题策划：联合低音　　　　　　　　内文排版：薛丹阳
特约编辑：王冰倩

关注联合低音

北京联合出版公司出版
（北京市西城区德外大街83号楼9层　100088）
北京联合天畅文化传播公司发行
北京美图印务有限公司印刷　新华书店经销
字数101千字　787毫米×1092毫米　1/32　5.25印张
2023年1月第1版　2023年1月第1次印刷
ISBN 978-7-5596-6316-0
定价：60.00元

目 录

旅程的开端
The Start of the Journey　　　　　　**11**

漫游无穷岛   **59**
Out and About On Infinity Island

你的目的地：今天的无穷岛

Your Destination: Infinity Island Today

想象未来的无限

Imagining Future Infinities

引 言
Introduction

"无穷岛"是一个奇异而美丽的地方，只有通过想象，经过无止无休的旅程才能到达。在这里，你可以体验到无边无垠的大和极致入微的小，还有无数超棒的酒店、餐厅和酒吧。在这里，你有无穷无尽的选择，可以去做自己喜欢的事情、看想看的风景。随着你逐渐了解这座小岛，你会发现这里真的是个旅游胜地。

绝大多数人对无穷的第一印象来自每天都在重复的简单计数。儿时的我们从数手指头开始，最多数到 10，然后是 100、1000 等更大的数。在这个过程中，有时我们可能会产生这样的疑问——最大的数是多少呢？但随即我们发现，这个问题显然没有合适的答案。

假如现在有人提及"一百万兆"，我们会立刻想象到可以再让它后面加个 1。对于距离或时间的尺度也是如此，我们总是可以想象出更大的数字。

我们发现，以如此简单的方式开始的数字串将注定不断延伸，这是一种令人不安和敬畏的观念。早期的数学家和思想家为这个问题深陷焦虑，他们察觉自己很难接受的"无穷"这个概念在某种程度上可能是"真实存在的"。因此，他们更倾向于说数字串是"无限的"。

欧几里得完美的证明

作为早期数学家恐惧"无穷"的例子，我们来看看欧几里得（Euclid，右图为矗立在牛津大学自然史博物馆的欧几里得雕像）是如何在一番优雅的证明中透露出对无穷的恐惧的。

为了证明寻找最大素数（即质数）是徒劳的，欧几里得要求我们首先假设存在一个最大素数 n。然后列出所有小于等于 n 的素数，把它们相乘并加 1。这样得到的数显然不能被任何小于等于 n 的素数整除。所以它要么是一个比 n 更大的素数，要么就是列表之外的素数的乘积。因此我们最开始的假设肯定是错误的，根本不存在最大素数这种东西。但是欧几里得并未做出素数"无穷多"的结论，他只是声称"素数的数目比任何给定的素数集合所包含的素数都要多"。仅对无穷作一番思考，其结果都是有争议的。

对无穷岛的搜寻
The Search for Infinity Island

几个世纪以来，人们越来越清晰地认识到，你不能假装无穷不存在，它可以渗入各种不同的话题中。举例来说，如果想求出 2 的平方根，或者一个圆形游泳池的面积，你就需要有无穷多数位的无理数。两条平行线的交点，也就是艺术中所说的灭点，实际上是在无穷远处的，但是画家必须把它当作真实存在的事物来处理。甚至在 0 和 1 之间都有无穷多个数字。如果无法厘清空间上的有限和无限，以及时间周期中的差别，我们如何讨论宇宙的年龄和尺度呢？

因此，数学家和思想家越来越有必要克服他们心中的恐惧和怀疑，直面无穷这个概念真实存在的可能性。而如果它是真实存在的，那么一定存在着某种方式让我们能够前往那里去亲身体验一把，不是吗？

这，就是无穷岛的由来……

无穷岛是一个想象中的天堂，身在其中的我们可以体验无穷的奇特和其展现出的奇观。在岛上，我们可以吃到无限量的饭菜、踏上无限远的旅程、体验无限多的冒险。真正奇怪的是，虽然这是一个非常难以想象的地方，但去那边旅行却非常容易。因为到达那里的唯一方法，就是意识到你已经身处其中……无论你身在何方，只要环顾四周，你就可以随

时造访无穷岛。

在过去，许多著名的思想家都已经探索过这个岛了。从芝诺（Zeno）的悖论到毕达哥拉斯（Pythagoras）的理论，早期的数学家一直在努力接受它的奇特之处。最早有一批人推测：无穷岛的一部分面积可能和整个岛屿一样大。伽利略·伽利雷（Galileo Galilei）就是其中之一。微积分和后来的许多数学方法都起源于对无穷这个概念的探索。自 19 世纪以来，我们逐渐认识到存在着不同大小的无穷。而随着我们对这个课题了解的加深，无穷大和无穷小在计算机、科学、艺术和文化中发挥了越来越重要的作用。

通过阅读本书，你将循着过去那些伟大思想家发现的路线，体验到属于自己的无穷岛之旅。在开始旅程之前，了解一些关于发现和探索这个岛屿的历史故事是很有用的。因此，本漫游指南的一个重要部分是着眼于该领域历史上的重要人物和他们的思想。此外，书中还穿插了一些旅行建议，告诉你一些在无穷岛之旅中要做的事情和要参观的地方。

健康警告
A Health Warning

　　即将启程时，我们有必要发出一个简短的警告。从这样一个广阔的视角来思考无穷的问题，很容易让人产生一种恐惧感：我们的存在、世界乃至宇宙是多么渺小。威廉·华兹华斯（William Wordsworth）曾恰如其分地写道："苦难悠悠，朦胧中，暗地里，原是无穷尽。"

　　无论是出于这种渺小感还是其他原因，研究过这一课题的人当中，有一些一直备受煎熬。我们将在本漫游指南的后文中看到，无穷岛上的一些伟大思想家，比如格奥尔格·康托尔（Georg Cantor）和库尔特·哥德尔（Kurt Gödel），在精神和情感上都出现了混乱。

　　尽管他们的病症是否源于对无穷的深刻思考尚有争论，但是很显然，这是一个能够令人头晕并普遍感到困惑的话题。好消息是，多亏过去许多伟大思想家已经探索了岛上荒凉的地域，我们如今可以安全地跟随着他们的足迹前行。也正是由于他们的努力，无论何时何地，我们都可以舒适地体验岛上的乐趣。

旅程的开端
The Start of the Journey

一沙一世界，
一花一天堂。
无限掌中握，
刹那成永恒。

威廉·布莱克
(William Blake)

无穷路线图
A Roadmap of Infinity

　　以下是此前的探索者在无穷岛上的路线概述，以及我们将在本漫游指南中提到的一些想法：

公元前 5 世纪：芝诺悖论探讨了有限的数如何包含无穷多的小量。

前 4 世纪：欧多克索斯（Eudoxus）等数学家开始在计算圆的面积时使用无穷。

前 1 世纪：阿基米德（Archimedes）和佛陀等思想家开始探讨有没有比世界上所有物质微粒数目加起来还大的数字。

公元 5 世纪：古代中国的数学家再次发现了在几何学中使用无穷小量的方法。

15 世纪：库萨的尼古拉（Nicholas of Cusa）使用一组无穷多的三角来估算圆形的面积。

17 世纪：数学家们开始更加经常地使用"不可分量"，也就是无穷小量。

17 世纪：伽利略发现了一个有趣的现象：平方数的数目和自然数似乎一样多。

17 世纪：艾萨克·牛顿（Isaac Newton）和戈特弗里德·威廉·莱布尼茨（Gottfried Wilhelm Leibniz）各自独立地发明了微积分这一计算运动和流量的全新方法。

19 世纪：格奥尔格·康托尔指出，就像实数要比有理数多一样，无限也有各种不同的"尺寸"。

20 世纪：无穷大和无穷小在数学、物理和文化当中扮演着日益重要的角色。最终人们接受了无限"真实存在"。

一场去往宇宙边缘的旅程
A Trip to the Edge of the Universe

一幅描绘罗杰·培根在牛津观星的
19 世纪版画

在出发之前，我们需要问自己一个重要的问题：既然我们想旅行到无限远，为什么非要去无穷岛呢？在时空中无限地旅行下去不就可以了？换句话说，我们是否生活在一个无限的宇宙当中呢？

自从人类初次认识到在脚下的星球之外是尺度大得多的宇宙，我们就一直在思考宇宙到底有多大。如果你朝着一个方向一直前进，你会到达宇宙的边缘还是将持续走下去？

中世纪神学家罗杰·培根（Roger Bacon）就是那些试图证明宇宙有限的人中的一员（因此他也否认无穷岛的存在）。他绘制了从无限大的球体（也就是他所构想的无限宇宙）中心延伸出来的两条不同的线（如右页图所示的 AB 和 AC）。随后，他画了第二条分支线（图中的 DE）。他的论点是，AB 和 AC 必须是等长的；同样，BD 和 DE 也必须等长。然而，在平行线将在无限远处相交这种无穷观点的基础上，他论证 DE 和 AC 也必须等长。因此他得出结论，无限大的宇宙是个荒谬的理论，因为它要求某一个距离（DE）和两个不同的距离（AB 和 AC）相等。

培根不会想到，无限的数学定义最终会接受这种悖论：在现代的术语定义中，我们可以在无限大上加一个任意的有限数，得到的结果也是无限大。

很多证明宇宙有限的尝试都由于各种各样的原因失败了。到最后，我们仍然不知道能不能在宇宙中旅行至无限远。

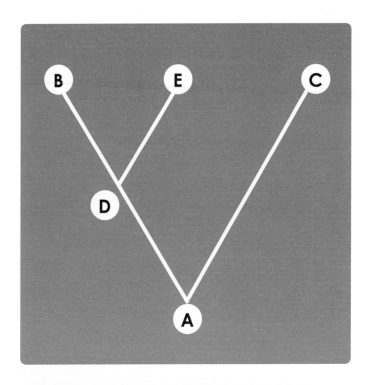

无限折纸
Infinite Origami

　　这儿有另一种思考宇宙有多大的方法（也是通往无穷岛的旅程中消磨时间的好方法）。你可能听说过这样的理论：没有人能够将一张纸对折超过 8 次。事实上，连续对折一张纸的世界纪录目前是 12 次。那么在有足够大纸张和足够多能量的情况下，你可以持续折叠下去。这在物理上并非不可能。

　　还有一个很好的解释可以说明这是个多么困难的任务。每次将纸张对折都会使厚度翻倍。因此纸张的厚度会以指数式增长。例如，你从本书中撕下这一页（请勿尝试），开始将它沿中线对折，对折 8 次之后，这张纸就会变得比本漫游指南还要厚。

从地球出发，对折 42 次后你能到达月球

随后发生的事情就非常怪诞了。对折 24 次后，纸张的厚度大概是 1.61 千米。大约对折 30 次后，如果你爬到纸的顶端，纸的厚度将足以让你突破大气层，身处太空之中。对折 42 次后，纸张的厚度将能够到达月球。

对折 51 次后它将会够到太阳（所以不要忘了带防晒霜）。82 次后它的厚度将会超过银河系，大于 14 万光年（光年是光在真空中沿直线传播一年的距离，1 光年约等于 9.5 万亿千米）。

当连续对折 90 次之后，这张纸的厚度就达到了 1.31 亿光年。这个尺度已经超过了室女座超星系团，这个超星系团是仙女星系、银河系和其他大约 100 个星系组成的集合体。虽然对可观测宇宙的大小估计有所不同，但是一般都在 900 亿～1000 亿光年，所以你这张纸只需要折叠 103 次就能有这么厚了。因此，虽然通过反复折叠一张纸无法让你到达无穷远，但是你可以向着它走出一段长得惊人的距离。

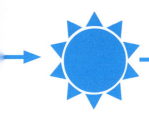

对折 51 次后你能到达太阳。不断地对折将带你走向无限远

卢克莱修的飞镖比赛
Lucretius's Darts Competition

另一个试图证明宇宙可能确实无限的简单思想实验是由古罗马思想家卢克莱修（Lucretius）最先提出的。作为一名飞镖爱好者，他很好奇如果你向宇宙的边缘扔一支飞镖会发生什么。飞镖会停止，还是会继续前进下去？

好吧，飞镖要么会不停地飞下去，要么会被宇宙边缘挡住。无论何种情况，宇宙边缘之外阻碍飞镖飞行的到底是什么呢？卢克莱修把这种矛盾理解为宇宙的边缘外不可能存在着边界。

还有各种其他的论点来支持宇宙有限或无限。但即使我们能走出无限远，也需要无限长的时间，因为我们不可能走得无限快。

所以，假设没有无限长的假期，那我们的宇宙边缘之旅似乎遥遥无期了。幸运的是，我们可以在身边的日常事物中发现有关无穷的点点滴滴。

例如，你正在读的书可以用线来度量，这些线可以被细分成无数的点，每一个点都是无穷小的。你在处理数学问题用到极限或者微积分概念的任何时候，都是在实践中注视无穷。从理论上来讲，你现在所在地方的地图的每一条边都可以用无穷精细的边界重新绘制。如果你有一块蛋糕，我们可以看到如何利用"无穷"的概念把蛋糕切成无数块表面积无穷大的小块。

在宇宙的任何地方度假都能使人精神振奋。但一旦你开始真正理解无穷岛，就再也不会以同样的方式看待世界了。

那么女士们、先生们，我们已经准备好开始下一段旅程了。请系好您想象中的安全带，我们将驶向无穷远，甚至是更远的地方。

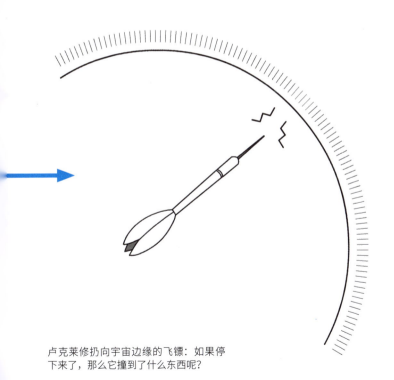

卢克莱修扔向宇宙边缘的飞镖：如果停下来了，那么它撞到了什么东西呢？

箭矢之谜
The Archery Conundrum

通往无穷岛的道路开始于芝诺等一批早期思想家以及他们对数学悖论的探索。举例来说，芝诺是第一个思考为什么一段有限的路程似乎无限长（以及为什么无论你是前往无穷岛还是仅仅去街角的商店，这个看法都正确）的人。

飞矢不动悖论描述的是把箭矢的飞行过程分割成越来越小的片段。随着片段逐渐变小，一直小到我们可以认为箭矢在这个瞬间路程中几乎静止的程度。至此，芝诺提出了自己的疑问，一支运动的箭矢和一支静止的箭矢的区别是什么？或者用另一种方式来表述就是，箭矢如何知道自己是在运动的？

最终是阿尔伯特·爱因斯坦（Albert Einstein）回答了这个问题：他在相对论中表述道，如果一个物体处在运动中，则第三方观测者和物体上的观测者所看到的世界会有差别。所以实际上，箭矢还是能够"感受"到自己正在运动的。

这支箭是运动的还是静止的？ （图片来源：无穷岛博物馆）

▪ 人物小传：爱利亚的芝诺

芝诺是探索无穷岛的先驱之一，大约于公元前 490 年出生在爱利亚。他曾是由哲学家巴门尼德（Parmenides）创立的爱利亚学派的追随者。我们目前对芝诺成果的了解大部分源自柏拉图（Plato）和亚里士多德（Aristotle）的著作，他们称芝诺为辩证法的创始人。不幸的是，他的著作早已失传，我们只有在后世作家著作中撷得一些大概内容。

芝诺的信条是捍卫巴门尼德关于宇宙的本质是"一"的观点，从而挑战现实世界可以被描述为多种不同事物的组合的观点。他提出的悖论试图揭示一个事物不可分割和可分割这两种观点的荒谬之处。

后者与研究无限有关，因为时间和距离的无限可分割性导致了一些明显矛盾的命题。

他的另一个悖论和二分法相关，可以简要概括如下：运动中的物体在到达目的地之前会无限次地到达剩下旅程的中点。他还提出了谷粒悖论：一颗谷粒落在地上不会发出声音，但是 1000 颗谷粒落在地上却会发出声音，这表明 1000 个微不足道的小东西是能够组成一个有实际意义的实体的。

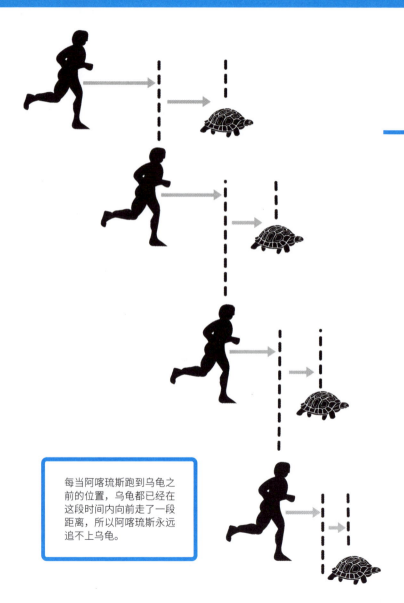

每当阿喀琉斯跑到乌龟之前的位置，乌龟都已经在这段时间内向前走了一段距离，所以阿喀琉斯永远追不上乌龟。

比赛一整天
A Day At The Races

　　在芝诺的另一个悖论中，他讨论了阿喀琉斯[1]和乌龟之间赛跑的情形。假设比赛距离超过 1000 米，阿喀琉斯的速度是乌龟的两倍，但是起跑时乌龟比阿喀琉斯领先 100 米的距离。如果正在观看这场比赛，你会不会在阿喀琉斯身上下注，打赌他一定会赢？显然，你一定会的……

　　且慢，让我们仔细考虑一下这个问题。阿喀琉斯跑过 100 米，也就是到达乌龟出发的地方时，乌龟已经在这段时间里走了 50 米。

　　所以，现在阿喀琉斯需要再跑 50 米到达乌龟新的出发点，而乌龟又在他跑的时候移动了 25 米。随后无论多久，每一次阿喀琉斯到达乌龟的前一个位置，乌龟都会比他向前移动一点点距离。所以芝诺问道，阿喀琉斯到底怎样才能追上一只乌龟？我们也开始怀疑自己下的赌注会不会血本无归……

1　又译为阿基里斯，古希腊神话中善于奔跑的英雄。

理解你的账单
Understanding Your Bill

　　一旦你从数学的角度去思考，阿喀琉斯和乌龟赛跑的悖论就会变得更容易理解。自古以来，数学家就在思考如何计算**无穷级数**（见术语表）的和，但问题是不同类型的级数表现非常不同。举个例子，首先让我们想象你在无穷岛上一家很棒的餐厅吃饭，然后收到了这么一张账单：

　　1/2 枚硬币＋ 1/3 枚硬币＋ 1/4 枚硬币＋ 1/5 枚硬币＋…

　　（省略号意味着这个级数将无限持续下去）

　　无论服务员多么能说会道，收下这份账单都是个坏主意，因为这个级数将无穷无尽地增长下去（这使得其成为一个**发散级数**）。这样做的结果是，你需要用比世界上所有硬币总数还要多的钱来付清这笔账。

　　我们再来看看另一份账单：

　　1/2 枚硬币＋ 1/4 枚硬币＋ 1/8 枚硬币＋ 1/16 枚硬币＋…

　　从对页图中我们可以很直观地看到：无论怎么加下去，这个级数的和永远不会超过 1 枚硬币——因为每次我们都添加前一项数字和当前数字之差的一半那么多的硬币（这使其成为一个**收敛级数**）。芝诺正是利用了这种数列在阿喀琉斯和乌龟的赛跑问题上迷惑我们。如果说阿喀琉斯的速度是乌龟的两倍，那么他将在跑过 200 米，也就是乌龟走过 100 米时超过乌龟。但是芝诺只让我们关注这一刻到来之前的时间，而且他还把这段距离和时间分成越来越小的部分，这些部分加起来永远到不了 200 米的长度。

在现实生活中，阿喀琉斯当然会追上乌龟，我们也肯定能赢得赌注。不过芝诺的悖论确实提出了一个相当独特的观点，那就是一段时间或者距离的无限多子集加起来可能小于某个有限的和。这要求这些子集必须被划分得无限小。

实际上这意味着，数学家和哲学家需要认真对待无穷这个令人困惑的概念了。

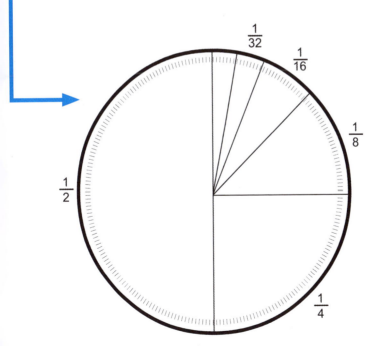

镜之屋
The Hall of Mirrors

　　想要一睹无穷的魅力，有一个方法是游览一下无穷岛游乐园中的镜之屋。站在这里（或者其他地方）的两面平行镜子之间，你会发现反射的像会无限重复下去并且延伸到远方。这个小把戏利用了一种称为**无限镜**的巧妙装置。首先将一组发光的小灯泡（通常是 LED 灯）排列在反射率为 100% 的镜子边缘，随后把部分反光的第二面单向镜平行放置在第一面镜子前不远处。观察者透过单向镜朝箱体里面看时，会发现箱体中的光线不断来回反射，虽然像会逐渐变暗，但还

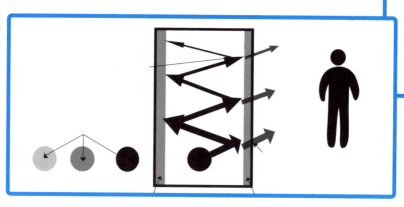

随着箱子里 LED 灯泡发出的光在镜子之间不断反射，观察者所看到的是镜子后反射出的一系列越来越远的像

是会延伸到无尽的远方。迪士尼乐园中的"飞越太空山"过山车就是利用无限镜给游客造成了一种正在飞越空旷宇宙的幻觉。而诸如伊万·纳瓦罗（Ivan Navarro）和泰勒·戴维斯（Taylor Davis）等艺术家的作品也借助平行镜或者无限镜创造出了一种无限空间的感觉。这里有一个相关的思维实验：让我们想象有这么一组反射光子的镜子，后一面的放置距离都是前一面的一半（见下图），那么这些镜子就组成了一个螺旋线。问题在于，当光子走到整个过程的末尾时会发生什么？我们知道光子会以 30 万千米 / 秒的速度向内螺旋运动，它不可能停止或者凭空消失。当然，对这个问题的一种回答是问题本身的条件在物理上就是不可能实现的。不过，想要理解这个抽象的螺旋线光子轨迹，就又一次需要我们去深入思考无穷的本质了。

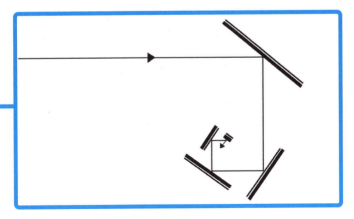

从左侧射入的光束在一系列逐渐变小的镜子间反射

无穷无尽的点
An Infinity of Dots

　　日本艺术家草间弥生（Yayoi Kusama，1929 —）是另一位在作品中大量使用无限平行镜面的创造性艺术家。但是她对于无穷的着迷不仅限于此。她从 20 世纪 50 年代开始创作的突破性作品都使用了重复的波尔卡圆点图案。

　　几十年来，她在墙上、地板上、家居用品上、南瓜上，甚至她助手的身上都画过这些圆点。她将这些点比作太阳、月亮和无穷无尽的星星。孩提时，她就饱受幻觉的困扰：例

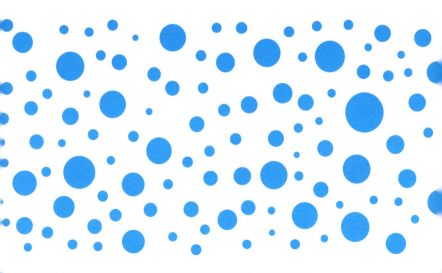

如她曾经回忆说自己盯着桌布上的红色花朵图案看，随后发现在自己身边各处都能看到这个图案。因此，这些波尔卡圆点的灵感源自她的幻觉。草间弥生谈起这些圆点时，说它们"圆形、柔软、五颜六色、不可感受、不可知。波尔卡圆点成了一种运动。波尔卡圆点是通向无穷的路径"。

草间弥生用点、球、灯或布满点的物体来填充房间，创造了非凡的艺术作品，让人感到这些物体充满的空间无限大。它们一直是世界各地博物馆极受欢迎的展品。

她的许多作品都明确引用了无穷的概念，诸如使用了《永恒毁灭的余波》和《无限镜屋——数百万光年外的灵魂》等标题。想要一瞥无穷，试试在推特上搜索 #infinitekusama 的标签吧。此外，她作品的复制品也将在无穷岛美术馆永久展出。

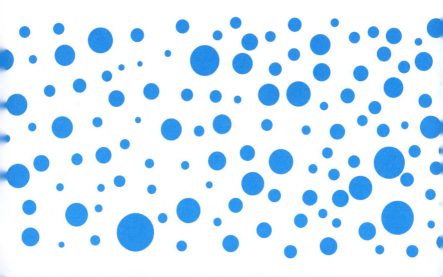

化圆为方
Squaring the Circle

　　在无穷岛上，解数学谜题是一种很受欢迎的消遣方式。其中一个特别棘手的问题是要求读者用正方形和三角形等形状填充一个完美的圆。比芝诺晚出生约60年的古希腊哲学家安提丰（Antiphon）针对这个问题（本质上是关于如何测量圆的面积）提出了一个有趣的解决方法，使用了与芝诺悖论类似的概念。

　　他建议我们先画一个容易测量的规则形状，比如一个圆的内接正方形；然后我们以正方形的每条边为底边，画等腰三角形，使其顶点落在圆周上；再以等腰三角形的腰为底边，重复这个过程，每次在剩余的空间里画越来越小的等腰三角形，直到圆的整个区域都"以这样一种方式画满了……这样就可以在圆内画出一个多边形，它的每条边都非常小，几乎与圆重合"。

　　从理论上来说，安提丰认为这将使我们能够**化圆为方**，并且精确测量其面积。但是他的想法受到了同时代人的强烈反对，因为这些人没有领悟到芝诺悖论所蕴含的寓意，他们声称无论如何无限制地画下去，多边形的面积都永远不会与圆的面积完全相同。

　　（这当然是正确的，但在现代术语中，我们会说这是一个无穷级数，它收敛于某个**极限**，也就是圆的面积）。

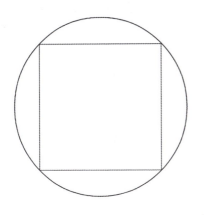

教你如何用等腰三角形估算一个圆的面积：先从画一个圆的内接正方形开始

以各条边为底，画等腰三角形，其顶点要在圆周上

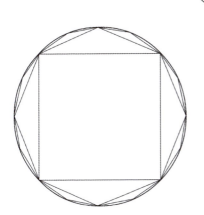

继续画更多更小的等腰三角形，然后求和这些三角形及正方形的面积来估算圆的面积

穷竭法
The Method of Exhaustion

继安提丰之后，思想家欧多克索斯对他这位前辈的思想做了进一步的发展，更加严格地考察了所谓的**穷竭法**能解决什么问题。

欧多克索斯从两个方面证明这个问题：一方面，他试图证明这个逐渐变小的等腰三角形序列的面积之和不可能小于某个给定的面积；但另一方面他又要证明它不可能大于这个给定的面积。显而易见的结论是，无论这种"穷竭法"看起来多么可疑，等腰三角形序列面积的总和都是这个给定面积。

正是这种存在争议的方法使古希腊人建立起数学上许多重要的等式和方程。例如，欧几里得证明了圆的面积与其直径的平方成正比，圆锥的体积是等底等高圆柱体的 1/3。阿基米德则提出，π 的值应该处在 $3 + 10/71$ 和 $3 + 10/70$ 之间的狭小区间中。

然而，穷竭法存在一个缺陷，那就是得到的结果并不是建立在对**无穷小量**（见术语表）概念的严格理解和运用基础上的。而这是要耗费人类数千年的时间才能完成的事情。

▪ 人物小传：安提丰、欧多克索斯

安提丰

想要弄清安提丰的身份是一件复杂的事情：我们尚不清楚拉姆诺斯的安提丰和诡辩家安提丰是不是同一个人，无穷岛上的一些学者声称，还存在第三个叫安提丰的人。

无论这些说法真假与否，那个著名的诡辩家安提丰生活在前5世纪末的雅典。他还写了一篇名为《论真理》的政治论文，就社会的本质提出了平等主义和自由主义的论点。

欧多克索斯

欧多克索斯（约前408—约前355）以数学家和天文学家的身份广为人知。他作为一名贫穷的年轻学生，参加了柏拉图在雅典学院（见上图）讲授的课程。在埃及学习后，他回到雅典，在柏拉图出国期间掌管了这所学校，他还是亚里士多德的老师。

他发明了天球仪，极大推动了人类对行星运动的理解。现在火星和月球上都有以他名字命名的环形山。他在数学方面的贡献除了穷竭法，还有对比例和数列的认识。

南瓜派
Pumpkin Pi

　　如果你在无穷岛的街边咖啡馆点了一个南瓜派，或者在岛上发现了某个环形的建筑结构，那么实际上已经接触到无穷了。就像我们将要看到的那样，数字 π（读作"派"）——圆的周长与其直径之比——有无限多的位数。

　　尽管如此，有许多早期数学家使用各种算法以及无穷级数对它的数值给出了很高精度的估计。例如，在 480 年的中国，祖冲之使用了一种类似于穷竭法的分析方法算出 π ≈ 355/113。

　　虽然在更早的时候可能还有许多类似的尝试，但最早写下可以用于计算 π 的无穷级数的人是生活于 1500 年前后的印度天文学家和博物学家尼拉坎莎·索马亚吉（Nilakantha Somayaji）。尼拉坎莎本人将这个级数的发现归功于一位生活在更早期的印度数学家，他还记录了一些用于计算正弦、余弦和正切的无穷级数。

　　英国数学家约翰·沃利斯（John Wallis）获得了一个十分引人注目的估算成果，他在牛顿和莱布尼茨建立微积分理论之前，就通过引入**不可分量**（一个更大整体中的微小量）的概念，在许多数学分支的研究中取得了成功。他计算的思路是用越来越小的矩形去填充一个圆的面积。

这一级数的推导过程比较复杂，但最终结果却出乎意料的简洁：它就是下面的无穷乘积。

$$\pi = 4 \times 2/3 \times 4/3 \times 4/5 \times 6/5 \times 6/7 \times 8/7 \times 8/9 \times \cdots$$

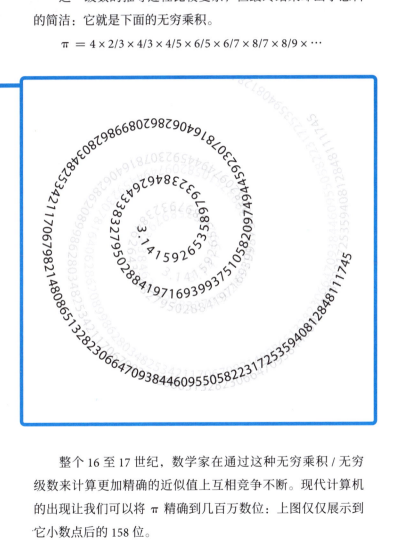

整个 16 至 17 世纪，数学家在通过这种无穷乘积 / 无穷级数来计算更加精确的近似值上互相竞争不断。现代计算机的出现让我们可以将 π 精确到几百万数位：上图仅仅展示到它小数点后的 158 位。

加百利羊角酥
Gabriel's Cream Horn

当我们讨论美味的甜点时，加百利号角[1]就是其中一种可以由无穷级数生成的奇异形状。为了构造出这种形状，让我们画出 $y = 1/x$ 的图象：

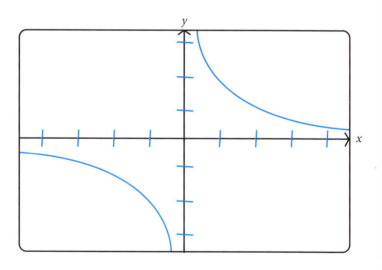

接着我们将它绕着 x 轴旋转 $360°$ 得到一个号角的形状，它的某一点会延伸到无穷远。如果我们想象它是由一系列圆盘组成的，通过计算每个圆盘的周长，我们可以得到无穷级

---

1 数学中，关于这种形状，也将其称为托里拆利小号。

数 $2\pi/x$ 的和；而通过计算每个圆盘的面积，我们可以得到无穷级数 π/x^2 的和。其中第一个级数是发散的（这意味着它将向着无限不断地增大），而第二个级数却是收敛的（这意味着它将逐渐增大到某个有限值）。很不同寻常的是，我们已经构造出了一个表面积无限大但体积却有限的形状。这一结果在 17 世纪曾经引发了恐慌——约翰·沃利斯、伽利略·伽利雷以及托马斯·霍布斯（Thomas Hobbes）等大思想家曾就这个结果引发的哲学问题有过细致深入的辩论。

为了理解这一组合有多怪异，想象我们要制作一个这种形状的羊角酥（一种内部填充了奶油的糕点）。由于它只有有限的体积，我们只需要有限的奶油就能填满它。然而，这个角的内表面面积无限大，从这一点看，我们又必须要有无限多的奶油来填满它的内层。

有两种解决这一矛盾的办法。第一种，在现实世界中我们只需要将奶油涂到角尖小到奶油分子也无法通过的位置就行。第二种，也是更令人难以置信的办法，就是阐明，即使在允许奶油分子任意小的理论世界中，我们仍然只需要有限的奶油：只需使涂抹其中的奶油无限薄就行了！

加百利号角。为了把它做成一个羊角酥，只需把它转过来往里面倒奶油即可

相切圆
Kissing Circles

在无穷岛的建筑上你将会反复发现一种装饰图案：一个内部包含着无限多个小圆的大圆。几个世纪以来，数学家一直对相切圆很感兴趣：仅仅通过一个切点互相接触的两个圆。古希腊数学家佩尔加的阿波罗尼奥斯（Apollonius of Perga）在前 3 世纪写了一本书研究这一课题。（他的大部分著作已失传，但一些思想被后来的学者继承了下来。）

1643 年，勒内·笛卡儿（René Descartes）证明出给定三个两两相切的圆，我们可以构造一个包含它们并与每一个都相切的大圆，以及一个位于它们之间并与每一个都相切的小

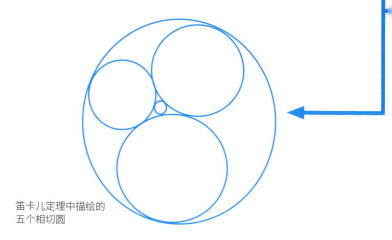

笛卡儿定理中描绘的
五个相切圆

圆。这就是阿波罗尼奥斯定理，之所以起这个名字，也是为了纪念阿波罗尼奥斯。[1936年，数学家弗雷德里克·索迪（Frederick Soddy）还就这个定理写了一首名为《精确相切》的诗。]

你可以用类似的方法构造一种岛内的圆形装饰：阿波罗尼奥垫圈。通常来说，它的构造开始于三个完全相同且两两相切的圆（你也可以试着从不同大小的圆开始）。构造出包围它们的相切圆之后，不断地在圆与圆之间的空隙中增加相切圆，最终会得到一个复杂而具有催眠效果的图形，其中圆的数目可以持续增加到无限。

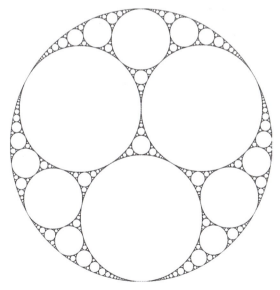

阿波罗尼奥垫圈

无穷岛运动会
The Infinity Island Games

古希腊人讨论无穷时，他们使用**无定**（apeiron）这个词，但当时的词义和现代含义非常不同，意味着"没有边界，混沌，失控"，这个词也表现出他们对无穷这个概念的存在感到不太舒服。基本上可以说，无穷岛这个地方能把他们吓得魂飞魄散，他们也根本不打算到这里。

古希腊哲学家亚里士多德试图找出一种处理无穷的方法以减轻这种恐惧。首先他意识到，在一些数学和科学问题中不可避免地要谈到无穷。例如可以无限延伸的数字串，同时也可以想象一条线无限度地被二等分成更小的线段。

他写道："既然研究自然是要研究空间的量、运动和时间的，其中必然不是无限的就是有限的……因此，讨论有关无限的问题……这些都是研究自然的人必须做的工作。"

摒弃了之前毕达哥拉斯和柏拉图提出的方法，亚里士多德首先将"实体"定义为由某一表面完全包围的物体。接着他论证说不可能构造出无穷大的实体。但他也发现无法接受时间存在一个开始或者终结。因此他在接受或拒绝无穷的概念之间举棋不定，他写道："一种含义的无限是有的，另一种含义的无限则是没有的。"

为了处理这一问题，亚里士多德引入了**潜无限**的概念。

这是无穷岛运动会上的一名掷标枪者,他是实际存在的还是仅是潜在的?这一切由你来决定

为了解释这一概念,他论证道,当我们说"有奥林匹克运动会"时,我们既有可能是在说"现在正在举办奥林匹克运动会",也可能是在说"有周期性举办的奥林匹克运动会"(即使现在并不在举办期)。后一句话表明讨论一个潜在存在的对象是合理的。

亚里士多德接着论证道,以某种相似的方式,无穷可以潜在存在但并不实际存在。显然,这个说法有点儿像是在敷衍,但实际上无穷这一概念确实使人们相当头痛,以至于在19世纪初,潜无限的概念依然被许多备受尊敬的数学家作为一种可以无限期搁置探讨无穷的方案。

▪ 人物小传：亚里士多德

亚里士多德（约前384—前322）生于古希腊北部，年轻时曾在柏拉图学园学习。柏拉图去世后，他被马其顿国王菲利普二世招募为其子亚历山大（后来的亚历山大大帝）的老师。

回到雅典后，他创办了吕克昂学园，并直到去世前不久都在那里教书。他在这一时期的著作中创造了西方世界中极为详尽的一个哲学系统。哲学之外，他还在物理学、动物学、艺术、伦理学、语言学以及国家体制方面有诸多著述。

他关于"潜无限"的观点在随后的多个世纪成为这一主题的哲学思考基石，这是因为它使得数学家和哲学家可以去探讨无穷，却不用承认自己因为无穷可能是一种真实存在而感到恐慌。

搜寻大数
The Gigantic Number Hunt

目前为止我们主要关注的是那些与无穷小相关的问题。然而在你去往无穷岛的旅途中，对特别大的数的世界稍作涉猎也是十分有益的。

搜寻大数的一个历史制约是那些表示数字的记号。例如，古希腊人使用字母表来表示开始的几个数字，但却没有一个简单的数位系统来表示更大的数，导致他们需要越来越多的符号去表示更大的数字，而他们能比较容易表示的最大数也不过是 10,000［米亚德（myriad），古希腊人会用符号 M 来替代表示］而已。之后的罗马计数法同样依赖于字母，因此在表示大数方面同样十分冗长。

早期的印度数学家在搜寻大数方面具有一个巨大的优势，他们比西方同行更早地发展出"零"是一个数字的概念，同时他们使用的数位系统与我们今天所使用的非常类似，其中 9 之后跟随的数是 10，1 的位置表明这个数的大小是单独数字 1 的 10 倍。这使得大数的表示和构造都变得更加容易和清晰。而到了现代，我们甚至不需要完整地写出 1 后面跟着的全部 10 个 0（10,000,000,000），而是可以简单地将其写作 10^{10}。

佛陀和大数
Buddha and the Giants

很多故事都反映出大数在印度人（特别是耆那教徒和佛教徒）思想中的重要性。例如，《佛说普曜经》中记载了一个佛陀向一位公主求婚而与另外五名追求者竞争的故事。比赛内容包括写作、摔跤、箭术、跑步、游泳等，其中也有一场运用数字能力的比赛。

测验佛陀的是一位名叫阿朱那的数学家，他问佛陀比俱胝（10^7）更大的数的知识。佛陀回答说："100 个俱胝是阿庾多（ayuta），100 个阿庾多是那庾多（niyuta），100 个那庾多是矜羯罗（kankara）……"并就这样说到了怛刹那（tallaksana），也就是 10^{53}，之后又一直这样说到了一个确实非常巨大的数，10^{421}，也就是 1 后面加上 421 个 0。

在其他印度文献中还有一些对于大数的推测，例如世界人口总量、宇宙已经存在的时长等。一些早期的印度教思想家则相信实际存在的最大数是宇宙中所有粒子的个数。更令人称奇的是，在一篇吠陀语文献中甚至有对无穷［文中称为普尔纳（purna），意为"完全"］这个概念相当现代的直接论述，其中表示过从普尔纳中减去一个普尔纳，你将依旧剩下一个普尔纳，这一概念直到 19 世纪才被西方数学家完全接受。

10,000,000,000,000,000,000,000,
000,000,000,000,000,000,000,000,
000,000,000,000,000,000,000,000,
000,000,000,000,000,000,00,000,
000,000,000,000,000,000,000,000,
000,000,000,000,000,000,000,000,
000,000,000,000,000,000,000,000,
000,000,000,000,000,000,000,000,
000,000,000,000,000,000,000,000,
000,000,000,000,000,000,000,000,
000,000,000,000,000,000,000,000,
000,000,000,000,000,000,000,000,
000,000,000,000,000,000,000,000,
000,000,000,000,000,000,000,000,
000,000,000,000,000,000,000,000,
000,000,000,000,000,000,000,000,
000,000,000,000,000,000,000,000,
000,000,000,000,000

在《佛说普曜经》中，佛陀所提到的最大数是 10^{421}，然而从这个数到无穷岛仍然无穷远

最好最大的海滩
The Best and Biggest Beaches

　　无穷岛居民阿基米德最为著名的逸事莫过于他跳出浴缸并高喊"我找到了"（Eureka），以及他所发现的那个著名问题的解（如何通过水位的变化测量一个不规则物体的体积）。不仅如此，他还在自己奇特的论著《数沙者》中寻找大数的故事里扮演了一个有趣的角色。

　　该书中，阿基米德试图估计填满整个宇宙所需要的沙粒数目。首先他发现无论是在现实世界还是无穷岛上，很多人在设想大数时都倾向于用某个海滩上所有的沙粒数目来打比方，甚至有些人干脆就认为世界上存在的沙粒数目就是无穷的。他写道："……特别是有些人，虽然不认为这个数是无穷的，但当下也没有任何已被命名的数字能够超过它的大小。"这句话之后，他声称自己能够命名足以完成这一艰巨任务的数字。

　　令人惊讶的是，他随后就引用了萨摩斯的阿利斯塔克（Aristarchus of Samos）一部失传的作品，其中，阿利斯塔克声称地球围绕着太阳运转，因此宇宙也远远比同时代人想象中要大得多。阿基米德为自己定下的任务也随之变成数出足够填满整个宇宙的沙粒数目。

　　他一开始就对月球、地球和太阳的大小以及它们之间

人物小传：阿基米德

叙拉古的阿基米德（约前287—前212）是古希腊数学家、科学家和发明家。

这位古代伟大的思想家使用穷竭法和其他数学方法为许多几何定理的证明打下基础，还对一些问题给出了微积分方法出现前最精确解。在他的一生中，家乡叙拉古一直面临着被入侵的威胁：除了螺旋泵，他还发明了一系列巧妙的战争机器来帮助保卫这座城市。尽管古罗马统帅下令不要伤害这位天才，他最终还是死于一名违反命令的古罗马士兵之手。

的距离做了虽不完美却相当出色的估计。接着他从由单个符号所能表示的最大希腊数字米亚德（10,000）开始，将"一阶"定义为1米亚德个米亚德（100,000,000）。这个数字随后就成了"二阶"单位，以此为基础，他可以接着再命名100,000,000的100,000,000倍，以此类推。

他的计数系统就这样一直持续到第七和第八阶单位。这时他已经有足够大的数来估计传统观念中的宇宙大小（达到第七阶单位的 1000 倍）乃至阿利斯塔克引起争议的扩张后的宇宙大小（达到第八阶单位的 10,000,000 倍）。

几千年以来，《数沙者》一直都令人着迷。诗人约翰·多恩对此感到恐惧，他认为上帝的无穷应该远远大于阿基米德的数学无穷，他写道："算术是多么无聊的东西！（可是算术将会告诉你用多少沙粒可以将这个空洞的苍穹填满。）"

威廉·布莱克谈及"一沙一世界"，并将无穷握在手心时，其实是在表达我们在宇宙旅途中，这些奇妙数字可能引发的敬畏之情。

▪ 人物小传：托马斯·迪格斯

英国数学家、天文学家托马斯·迪格斯（Thomas Diggs，1546—1595）和乔尔丹诺·布鲁诺（Giordano Bruno，见下页）都是无穷宇宙观的早期倡导者。1576年，托马斯发表了他父亲编写的年鉴《永恒的预言》修订版，并在书的最后添加

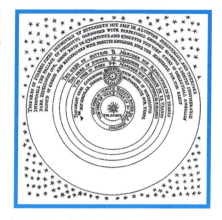

了几个附录，其中一个名为《宇宙天体的完美描绘：依据最古老的毕达哥拉斯学说，近期哥白尼重新提及，并经由几何学论证认可》的附录包含了对哥白尼宇宙的详细描绘（见右上图）。

不过迪格斯更进一步，他提出可能在无限的距离上存在着无限多的恒星，而不是有限且静止不动的恒星。他也是第一个讨论黑暗夜空悖论的人，这一悖论指出：在一个静态且无限古老的宇宙中，如果分布着无限多颗恒星，那么夜空应该是明亮而不是黑暗的，因为天空的每个方向在一定距离内都至少存在一颗恒星。一个不可避免的结论就是，这些条件不可能都成立。许多宇宙学系统都必须面对这个难题——甚至对基于动态膨胀宇宙的大爆炸理论来说亦是如此。黑暗夜空悖论也对现代的天文学家带来了困难的挑战。

乔尔丹诺·布鲁诺的航行
The Giordano Bruno Cruise

> 亚历山大大帝从阿那克萨库那里听说有无穷多个世界时流下了眼泪；他的朋友问他是不是发生了什么不幸的事，他回答说："难道你们不认为这是一件值得悲哀的事吗？这世上有这么多的世界，我们却还未征服一个？"
>
> —— 普鲁塔克（Plutarch）

16世纪末，哥白尼（Copernicus）的宇宙论——实际上，太阳才是宇宙的中心，地球只是像其他行星一样绕着它旋转——依旧充满了争议。那些哥白尼的追随者还认为这些行星的轨道是完美的圆形。不过，乔尔丹诺·布鲁诺，意大利多明我会修士，哲学家、数学家、天文学家，提出了一个更为激进的观点：认为恒星实际上是一些离我们十分遥远的太阳，它们本身也由其他行星环绕着；他还认为理论上这些行星上也可能生活着动植物，没有理由认为我们的行星要比其他行星更加重要或者特别。

除了反驳宇宙有一个固定的中心，他还提出宇宙实际是无穷的："宇宙唯一、无穷、静止……它不能够被理解，从而无穷无尽，在此之上，它无穷且不可确定，因此是静止的。"

布鲁诺最终因为其异端信仰而被处以火刑，也因此被一

乔尔丹诺·布鲁诺的航行是一次虚构的宇宙之旅：一次无尽遥远、前往绕着无数太阳运行的行星之旅。船舶每日正午都从无穷岛的港口离港

些人视为科学的殉道者。虽然他关于宇宙的理论有许多瑕疵，但他的宇宙学思想确实远远超越了他所在的时代。

世界上最大的数
The World's Biggest Numbers

直到 13 世纪，经由阿拉伯作家的传播，西方学者才开始学会使用从印度数学传统中引入的现代数字系统。

从那以后的几个世纪里，数学家和科学家得以使用一些非同寻常的大数：在你到达无穷岛前，你还得"嗖嗖嗖"地从一些惊人的大数身边飞驰而过。

测量宇宙

现代科学家已经给出了对我们宇宙在物理层面上的一些宏伟的估计。譬如宇宙的年龄如果用**普朗克时间**来测量的话将有 8×10^{60} 那么长；如果我们要估计宇宙中所有粒子的数目，那么 10^{80} 是一个被广泛认同的数目。

古戈尔和古戈尔普勒克斯

数学家爱德华·卡斯纳（Edward Kasner）在命名"1 后面加 100 个 0"这个数字时受到他九岁外甥的启发。小米尔顿建议用**古戈尔**（googol），于是这个名字沿用至今。

米尔顿还建议用**古戈尔普勒克斯**（googolplex）称呼 1 后面加上直到你写到烦为止的任意个 0 的数，然而数学家们并不喜欢这样不确定的数字，所以卡斯纳将它定义为 10 的古戈尔次方（1 后面加上古戈尔个 0）。

幂 塔

我们已经看到次方在描述大数时发挥的重要作用，可以使用幂塔来使这效果更显著。例如，我们可以使用很简单的记号来表示 10 的（10 的 100 次方）次方，即 1 后面加"古戈尔普勒克斯"个 0。数学家唐纳德·克努特（Donald Knuth）使用他的**箭号表示法**进一步简化了这一表示。在这一系统中，10^10^10 可以写为 10^^10。我们写下 10^^^10，这个数等于 10^^(10^^10)。这一系统能迅速生成一些惊人的大数。

梅森素数

很多数学家尤其热衷于寻找极大素数，个中原因只有他们自己才知道。很多数学家尤其热衷于寻找**梅森素数**。梅森素数是那些比 2 的 n 次方小 1 的素数。例如 $2^2 - 1 = 3$ 就是一个梅森素数，这是最小的梅森素数。在它之后我们得到的 $2^3 - 1 = 7$ 也是一个素数。

然而 $2^4 - 1 = 15$ 并不是一个素数，所以这个公式只是间歇地产生素数（其本身可能是无限的）。在过去的 20 年里，分布式计算机项目"因特网梅森素数大搜索"（GIMPS）已经找到了一系列越来越大的梅森素数，目前找到最大的是 $2^{77,232,917} - 1$。

史丘斯数

在 18 世纪末，卡尔·弗里德里希·高斯（Carl Friedrich Gauss）提出了素数个数的公式，它给出了小于某个数的所有素数个数的估计。人们向来就知道这一公式在数比较小的时候估计出的素数个数比实际的要多一点，并怀疑在超过某个数之后这个公式会给出比实际素数个数要少一点的估计。在 1933 年，斯坦利·史丘斯（Stanley Skewes）找出了这个临界点可能出现位置的上界——$10^{10^{10^{34}}}$。这确实是个很大的数字。

葛立恒数

葛立恒数用于描绘数学分支拉姆齐理论中某个问题的上界，以数学家罗纳德·葛立恒（Ronald Graham）的名字命名。这个数大到难以形容——我们无法描述它有多少位，它的位数有多少位，甚至它位数的位数有多少位也无法描述。然而它确实在理论上是可以具体计算的，目前已经计算出了它的后 500 位数值。

忙碌的海狸

"忙碌的海狸"这个游戏是计算机运行原理的一部分：它们做的任何事情都可以描述为简单图灵机处理信息并在不同状态之间转换的过程。英国数学家艾伦·图灵（Alan Turing，现代计算机之父之一，"二战"时在布莱切利公园对密码破译机的研制做出了重要贡献）提出了一个问题：我们怎么知道

无穷岛动物园的海狸围栏中有无限只忙碌的海狸，图中只画出了它们当中有限的几只

任意一个给定的问题是不是可解的？这需要我们确定：一个图灵机在计算问题时最终是会给出结果并停机，还是陷入循环中持续运行？所谓**忙碌的海狸**就是确定一个具有给定状态数目的图灵机最终停机所需要运行的步数。

问题在于这个步数将随着状态数的增加而疾速增长。对于一个只有两个状态的机器，该数为 6，对于有三个状态的机器则为 21，四个状态是 107，五个状态至少要 47,176,870 步，而六个状态会达到庞大的 $7.4 \times 10^{36,534}$ 步。然而，要制作一个具有基本运算功能的元件至少要有 25~50 个状态，保证这样一个机器停机所需要的运行步数将会是一个令人难以置信的大数。这也是数学中一些重要问题虽然在理论上有一个确定的算法能够解决，在实践中却无法计算出来的原因之一。另外，图灵还证明了这样一个结论：如果我们对一个任意的程序给定一个任意的输入，并不存在一个通用的算法能够告诉我们该程序是会给出结果并停机还是会永不停息地运行下去。这个"停机问题"最终成为对我们理解数学基础的一个重要贡献。

礼拜场所
Places of Worship

我们已经看到通向无穷的旅途是如何在几个世纪以来激发出敬仰、恐惧，以及兴趣的。所以无穷也就理所当然地常常与上帝、各类神祇，乃至其他神圣的事物联系在一起。如果计划拜访无穷岛上的某座教堂和寺庙，那你会经常碰到与这种联系相关的概念。这里有几个相关的实例。

普罗提诺

普罗提诺（Plotinus）出生于 3 世纪初的古罗马，但他深受古希腊哲学和犹太教神秘思想的影响，成为古希腊哲学与基督教神学融合的"新柏拉图主义"之父。

不同于亚里士多德的潜无限观念，他认为上帝（或者说太一）必须是无限的，因为要想给神性加上有限的限制是不可能的。

奥古斯丁（Augustine）

这位撰写了《上帝之城》的著名作家甚至走得比普罗提诺更远，他不但承认上帝是无限的，还与同时代那些怀疑上帝是否真能处理或者包含无限的人展开争辩。那些怀疑者认为上帝并不能真的构造一个无穷数列，而他的一部分论证正是基于这一点展开的。通过反驳这一怀疑，他论证了上帝确实能够处理无限。

托马斯·阿奎纳（Thomas Aquinas）

随着上帝和无限之间联系的争论的持续进行，托马斯·阿奎纳提出了一个非常有趣的观点：尽管上帝的力量必须是无限的，"他仍然不能造出一个绝对无限的存在"。这一论点又回到了亚里士多德"对于某个真实物体能否是无限的"的怀疑。

阿尔法和欧米伽

在基督教的圣经中，上帝被描绘为阿尔法和欧米伽，代表着事物的开始和结束。（当然，天堂常常被描述成一个可以享受与我们在尘世中短暂生命所不同的永生之地。）在本漫游指南的后文中，我们会遇到格奥尔格·康托尔，一个才华横溢的 19 世纪数学家，他设法定义了不同大小的无限。他来自一个基督教家庭，但也具有犹太血统，因此他可能知道在某些宗教中上帝作为无限由符号**阿列夫**（见术语表）表示。这是闪米特语中的第一个字母，像阿尔法一样。康托尔使用这一符号来代表不同无限的基数，例如，"阿列夫零"就代表"最小"的那个基数。

符号"阿列夫零"

印度教经文

在《薄伽梵歌》中，阿周那说到宇宙之主具有无限的形象时说："但我看不到，宇宙之主啊！你的起始、中间和末端。"同时在《梨俱吠陀》和其他文献中也有大量关于宇宙本身是无穷的叙述："每一个宇宙都包含有七层——地、水、火、空气、天空、总能量、假我——每一层都比前一层要大10倍。同时还有不可计数的宇宙存在于这一宇宙之外……"

佛　教

在佛教思想中，时间既没有开始也没有结束，我们处在无尽的轮回之中。一些更加具有挑战性的冥想练习涉及对这一观念的集中思考，例如冥想无穷的空间、无穷的意识以及无穷的虚无，而永恒结（如左图）则代表宇宙中时间和物质的无尽流动。

漫游无穷岛
Out and About On
Infinity Island

但是在我而言，遥远的事物一直在
持续不断地折磨着我。我热爱禁海
上的远航，热爱停靠在荒蛮的海岸。

赫尔曼·梅尔维尔
(Herman Melville)

无穷泳池
The Infinity Pool

设想你正在一个无穷泳池中的充气垫上惬意休息，目光所及是环绕着无穷岛的美丽海洋。假设这个位于你新的度假公寓中的泳池是一个正方形结构，而你正在放空自己，此时一个念头可能突然闯入脑海：从这个泳池的一个角到它的对角距离是多长？关于这个问题，一个听起来或许比较奇怪的事实是，它曾在前5世纪末引起过巨大的争议，（据说）甚至

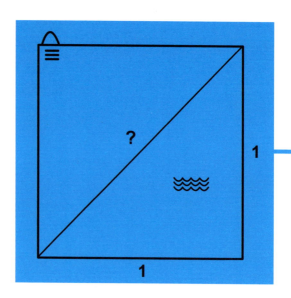

还导致过命案。我们可以通过著名的毕达哥拉斯定理[1]来计算这条对角线的长度——斜边的长度等于根号下两条短边的平方和。因此，如果这个泳池的长和宽都是1个单位，那么其对角线的长度就是$\sqrt{1+1}=\sqrt{2}$。

当你像毕达哥拉斯的追随者那样，假设所有的数都可以表示为两个自然数的比（也就是说，所有的数都是**有理数**），那么问题就来了。在毕达哥拉斯去世后大概一个世纪，一名毕达哥拉斯学派的学者的一个简短证明推翻了这一假设。首先，让我们假定$\sqrt{2}$可以表达为a/b的形式，其中a和b是可以用来表达这一关系的最小自然数。那么：

$\sqrt{2}=a/b$

$2=a^2/b^2$

$2 \times b^2=a^2$

因此a^2是一个偶数。由于所有偶数的平方都可以被4整除，这就表明b^2也应该是一个偶数。那么，a和b都是偶数，所以都可以被2整除。然而，这却与我们最开始的假设相矛盾：a和b是可以表达$\sqrt{2}$的最小自然数。由此，我们最开始的假设——存在表示$\sqrt{2}$的两个最小自然数a、b——是个伪命题。

这意味着$\sqrt{2}$只能是一个**无理数**，即它不能表示为两个整数之比，进而它也不可能以小数的形式完全写出来——它最初几位是1.414…这之后存在无限位小数，而且这些小数数位之间不存在周期规律。

1　即勾股定理。

希伯斯海航

希伯斯（Hippasus）海航是你可以体验到的一种更刺激的漫游方式。人们普遍认为证明了无理数一定存在的是哲学家希伯斯。当然，他可能只是一个把"存在无理数"（以及其他诸如如何在球体内构造十二面体）的秘密透露到了毕达哥拉斯学派这个圈子以外的人。

但不管怎么说，希伯斯最终还是从一艘船上落水淹死在了爱琴海中——尽管毕达哥拉斯学派的人宣称他是因为泄露神灵的秘密而受到了惩罚，然而整件事更像是他被这些怀着复仇心理的人推落海中的。

自第一个跳出毕达哥拉斯理论体系的无理数被发现，有越来越多这样的数被发现并归入这一集体。可以证明，任何一个开方以后不是自然数的数，其平方根都是一个无理数。此外，数学家也发现了其他类型的无理数，例如 φ（黄金分割比），它是方程 $x^2 - x - 1 = 0$ 的一个解。

而其他一些数，例如 π（3.14159…）和 e（2.71828…），则被称为**超越数**，因为它们不可通过整系数多项式方程求得。

在 16 世纪的时候，数学家甚至开始讨论起根号下 –1 这样的**虚数**来（更别提复数了……可以说，发展到这个时候的数学，足以气得毕达哥拉斯学派的人从棺材里跳出来）。

你家的泳池有多大

How Big Is Your Swimming Pool?

在计算面积和体积的时候，形状不同，计算难度也不同。比如说，如果你下榻的无穷岛旅馆的泳池是圆形的，那计算时将会用到超越数 π——圆的周长与直径之比。为了计算圆的面积，15 世纪的德国学者库萨的尼古拉重新审视了阿基米德曾经提出的一个想法：把圆切割成若干个近似三角形的小块来表示圆的面积。把这些小块按照如下图所示的方式重新排列，他可以证明这个圆的面积近似等于圆的直径的一半（半径）乘以圆的周长（这是因为在将小块切得越来越小的过程中，每个小块的弧长越来越接近一个和它形状一样的三角形底边的长度，尽管两者不会完全相等）。

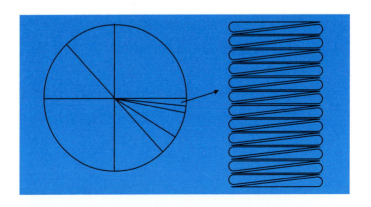

由于圆的周长是 $2 \times \pi \times$ 半径，因此通过这一并不完全严谨的方法，我们可以得到圆面积的正确计算方式：$\pi \times$ 半径的平方。尼古拉这种计算圆面积的方法类似于穷竭法，同时也让人们对这种计算方法重拾兴趣，即：当面积或体积不好计算时，可以把它们分成越来越小的单元，然后再计算。在 17 世纪初，数学家博纳文图拉·卡瓦列里（Bonaventura Cavalieri）在这个方向上走得更远，他把一条条线想象成由无穷的点组成、平面由无穷条线组成，等等。

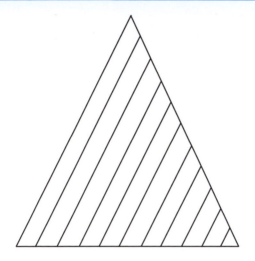

他用这种解构方法，发展出了**卡瓦列里原理**：通过比较这些"不可分量"来计算面积和体积。例如，比较对页的两个不同形状的游泳池，第二个泳池的面积无疑更难直接测量。然而，由于两个泳池长度相同，在同一竖线经过的宽度也完全相同，因此我们可以得出结论：两个泳池的面积一样。

类似的方法也被阿基米德以及 5 世纪的中国数学家使用过，但使用不可分量这一概念来解决复杂问题的方法在卡瓦列里之后才推广开来。约翰·沃利斯进一步发展了这一方法：在计算三角形（及相关图形）面积的时候，他把这类图形想象成由无穷小的梯形组成（上图展示了怎样用这一方法分割三角形）。

在对页的图形中，两个泳池的面积相同。在上面泳池中画的每一条竖线都可以在下面游泳池中的同样位置找到对应的一条长度相等的竖线

▪ 人物小传：
库萨的尼古拉

　　库萨的尼古拉主教
（1401—1464）是 15 世纪基
督教会的改革者，也是一位
在诸多方面都超前于那个时
代的人：这位博览群书的学
者探索了无穷岛，而那些他
探索过的地方，直到他过世
几个世纪后，才重新被人们
发现。

　　除了给出"化圆为方"的实验性解法，他还撰写了一系
列重要的数学论文（其中一篇名为《论有学识的无知》）。在
医学领域，他率先提出通过测量脉搏来判断健康状况：由于
那个时代的钟表还没有秒针，因此他测量脉搏跳动 100 下时
会有多少水流出水钟。

　　在天文学上，尼古拉亦有一些全然不同的想法：他提出
地球或许是一颗与其他恒星别无二致的恒星，地球不处在固
定不变的位置，也不是宇宙的中心，同时行星和恒星或许也
不一定都是球形或者拥有圆形的轨道。（所有这些假设都早于
哥白尼将近一个世纪，并且激励乔尔丹诺·布鲁诺提出"宇
宙或许是无穷的"这一想法）。此外，他还推测过多元世界这
一可能性，而这即是我们现在所认识的**多重宇宙**概念。

▪ 人物小传：
约翰·沃利斯

鉴于约翰·沃利斯（1616—1703）对我们了解无穷岛做出的巨大贡献，在本漫游指南中我们将会多次提到他。首先，他是使用**双纽线**（∞）作为无穷符号的第一人。在英国内战期间，尽管他年级轻轻，但却因为在破译密码方面的成就名声大噪。而他与同时代的罗伯特·胡克（Robert Hooke）等科学家的见面也促成了位于伦敦的英国皇家学会成立。

他是一位执着的数学家，曾经通宵计算一个数的平方根，最后将其精确到小数点后 53 位。他与当时欧洲顶尖的数学家费马（Fermat）等人也有着密切的联系。1655 年，在著作《无穷算术》中，他曾提出一些影响后来微分学和积分学发展的观点。此外，他对卡瓦列里原理以及广泛使用的不可分量和无穷级数感到痴迷。他更非凡的一项成就是提出了一个可以给出非常精确的 π 值的无穷乘积表达式。作为年长于艾萨克·牛顿的先驱人物，从某种程度上来说，他是一位被忽视的历史人物，但他在他所处的时代是一位杰出的数学家，这一点毋庸置疑。

做一条莫比乌斯带
Make a Mobius Strip

仅仅通过一张纸，我们就可以做出一个怪异的物体：莫比乌斯带。你需要做的仅仅是裁出一条纸，将其一端扭曲180°后，再将纸带的两端粘在一起。

你将得到一个只有一条边和一个面的物体：如果将手指放在它上面并沿着其环形结构画一圈，最终你的手指将出现在纸的另一面[1]上。如果你将这条带子沿着中线剪开，将会得到一条更长、更细的带子，而相比于剪开以前，新的这条带子则扭曲了两次（如下图所示）。

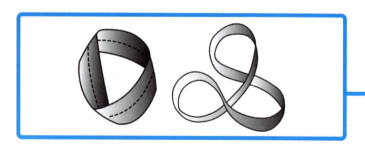

如果你沿着中心线的两条平行线将莫比乌斯带剪开两次，最终会得到一条只有宽度比原来窄的莫比乌斯带（半扭曲），还有套在上面的一条更长更窄的带子（见本页最上方

1　此处的"另一面"是针对原来纸带而言的。

欧拉使用的无穷大符号

示意图）。莫比乌斯带除了其自身的魅力，也常被用作表示无限的符号。当然，这其中有部分原因是它长得类似符号 ∞（无限）。这个双纽线符号是约翰·沃利斯在其 1655 年出版的《无穷算术》中首次使用的。他选择这一符号的原因存在争议：理论上，这一符号是罗马数字 1000 的变体（也用来表示"许多"），或者希腊字母欧米伽（ω）的变体。大数学家莱昂哈德·欧拉（Leonhard Euler）更喜欢用一个类似但是有开口的符号来表示无限（如上图所示），但是沃利斯的版本却使用得更广泛，部分原因是当时的排字工人可以简单地通过旋转数字 8 来得到这一符号。

这一形状自古以来就被用在宗教符号和绘画当中，例如，它作为一个符号出现在了包裹着耶稣受难像的圣波尼法爵十字架上。此外，它也与衔尾蛇（一种传统图像上咬着自己尾巴的蛇）相关。有许多例子都是双纽线形，而非原始的圆形。

从数学上来说，无限符号表示的是任意大的值，而不是实数或者有理数中对应的数字上的无穷大。后者往往使用其他符号来表示，例如康托尔引入的阿列夫符号。

环行海岸线
The Coastline Drive

如果想沿着无穷岛的海岸线环行，你应该在启程之前先搞清楚需要行驶多远的距离。

或许你会觉得这是一个相对简单的问题。当然，可以想见，因计算方法不同你能得到不同的结果，这取决于你究竟是沿着路的外边缘测量还是沿着路的中间线测量，或者是沿内边缘测量。但是无论使用什么样的方式，你都应该能算出一个相当精确的结果来，不是吗？

然而事实上，想要精确地得到海岸线长度是一件非常困

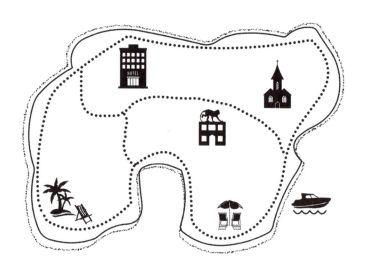

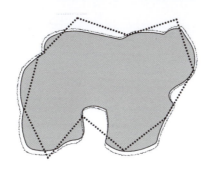

难的事情。因为这取决于我们究竟想要得到一个多么精确的距离值。首先，假设我们使用一根长 500 米的直线环绕无穷岛测量，并找到了这一情况下最贴合的测量路径。这种情况下，我们测量的结果将类似上图。然后，我们使用 100 米长的直线重复如上步骤；接下来用 10 米甚至更短的直线重复如上步骤……每测量一次，我们都会得到一个越来越长的结果。

　　对于海岸线，你考虑得越精细，发现的细节就越多：可以细致到每一块岩石或鹅卵石、每一颗沙粒，甚至是沙子里面的原子。结果就是，你测量到的海岸线长度越来越长，理论上可以达到无限。

　　这也就意味着，根本没有海岸线究竟有多长这一问题的真正答案。

分形的魔力
Fractal Magic

在《英国的海岸线有多长》（1967）一文中，伯努瓦·曼德尔布罗（Benoit Mandelbrot）研究了上一节中所探讨的情形，并称之为"粗糙度"。这一研究使得他取得了数学界 20 世纪的一项伟大突破，即**分形**理论，以及对混沌理论的进一步发展。

随着对粗糙度的研究，曼德尔布罗意识到了两件事情。首先，这一现象在自然环境的方方面面都有体现，从植物结构、海浪、血管到山脉、河流以及霜花，等等。其次，在这一类型的结构当中存在**自相似**现象，即你在某一宏观层面看到的形态以及结构，可以在你放大同一事物观察细节的时候看到一样的形态与结构。

分形图案有着诸多异乎寻常的特征。诚然，在物理世界中，我们知道对于距离的测量存在最小的极限——一旦你对距离的测量小到单个原子的层面，对于更小距离的测量难度将会迅速增加。

然而，就纯理论而言，一个完美的自相似结构将会与物理学中的情形完全不同。对于这类理想化的形状，曼德尔布罗意识到我们将可以测量无穷小的结构。

例如，在对页的图案中，你可以看到图案较大尺度上的形状在越来越小的尺度上不断地重复着。科学家以及数学家发现

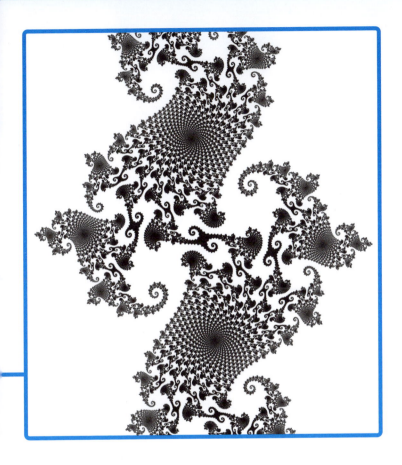

了越来越多的方法来研究应用分形和自相似理论，而其中的一些我们也会在稍后的旅程中探索。此外，混沌理论也用于帮助我们更好地理解物理世界中的许多情形：那些本来不可预测的流动在分形数学的帮助下可以被很好地建模处理。

精灵尘埃
Fairy Dust

为了消磨假期时光，你可以试试最容易绘制的分形图案——康托尔集。为了构造它，首先，你需要画一条如下所示的直线。

然后，将这条线中间的 1/3 部分擦除。

接下来，擦除余下的每一条线段中间的 1/3 部分。

再擦除余下的每一条线段中间的 1/3 部分。

无休止地重复操作上述步骤（或者直到再也画不出任何有可能更小的线段来）。

最终你将得到许多点状的小块——它们通常被称为康托尔尘埃，但是鉴于它们奇特的样子，或许也可以称呼它们为精灵尘埃。

请注意，在上述操作中，每一步我们得到的线段数目都是上一步的两倍，但是其中每一条线段的长度都只有上一步中的 1/3。所以，我们一步一步得到的结果虽然越来越小，但都遵循着相同的模式。

通过上述步骤，最终被我们擦除的线的总长度占原线段长度的比值可以表示为下述几何级数之和：

$$1/3 + 2/9 + 4/27 + 8/81\cdots + 2^{n-1}/3^n$$

这一级数的极限值[1]是 1，这意味着我们通过上述步骤基本能擦除整条线段。然而，事实上仍然留下了这条线上的无限多个点。例如，在第一次擦除这条线中间的 1/3 部分之后，位于这条线上 1/3 和 2/3 处的两个点仍然在余下的线段上，并且在接下来的擦除过程中，它们始终会被保留，这是因为我们始终只擦除余下线段的中间 1/3 部分，而上述提到的两个点始终位于余下来的某两条线段的边缘。

所以即使我们已经从最初那条线段上面擦除了累积长度已经达到其总长的无穷个点，但在最终留下来的线段上仍然有和刚开始那条线段上一样多的点。

此外，如果放大康托尔集上的任意部分，我们可以发现其部分与整体存在相似性——事实上，在构建这个集的任意一个过程中，对于任一连续的线段部分，在其进一步通过擦除从而往下构造的过程中，它都是最初那条线段开始构造的精确复制。

一旦构造过程扩展到无穷大，即使像上述非常简单的过程也会出现一些非常奇特的性质。在分形这一奇特的世界中，这一点却又是如此理所当然。

1　即 n 趋于无穷大时无限接近的值。

科赫雪花
The Koch Snowflake

你能构造的一个简单分形图形是科赫雪花，这一分形图案是瑞典数学家黑尔格·冯·科赫（Helge von Koch）于 1904 年发现的。为了画出这一雪花图案，首先，你需要画一个等边三角形；然后，以每一条边中间的 1/3 段作为边，画新的等边三角形；接下来，把作为边的这部分擦除，就像下图这样：

一直重复上述步骤。在最初的几步，你会得到如对页所示的图案。尽管事实上你并不能无限地重复下去，但是通过最初几步，你也可以感受到图案形状变得越来越复杂，而且每一步都是在更小的尺度上进行自相似的迭代。

当上述构造过程（理论上）无限地进行下去，得到的雪花图案面积将无限趋近于最初三角形面积的 160%。然而，由于图案的每一步都会使其形状变得更复杂，图案的周长也将会趋于无穷大。

做一个门格尔海绵蛋糕
Make a Menger Sponge Cake

　　门格尔海绵蛋糕是无穷岛上的一种特产。为了做这个蛋糕，你首先需要一个立方体形状的蛋糕胚。接着，在蛋糕胚的每一面划分出像三阶魔方那样的九宫格，并将每一面正中间那个方格的部位掏空至对面那一侧（值得注意的是，这一构造过程类似于三维版本的康托尔集合）。

　　之后的每一个子立方体部分均重复上述操作。

　　接下来，在保证你的蛋糕不会坍塌的情况下，尽可能地重复上述步骤。

　　你通过上述操作得到的就是门格尔海绵。在理想条件下，你可以无限重复上述步骤，得到一个体积无限趋近于零而面积趋近于无穷大的蛋糕，这是因为每重复一次以上步骤，蛋糕的面积都会增加而体积会减小。在趋近无穷的情况下，得到的海绵既不能称为一个立方体，也不能称为一个面；相反，它的拓扑定义是一条曲线。

　　或许你会觉得做一个体积几乎为零的蛋糕简直就是在骗自己。但是，请记住，你可以吃在上述构造过程中被掏出来的部分，这样你既吃到了蛋糕，又构建了一个门格尔海绵蛋糕。

对页图：雕塑代表了构建门格尔海绵的前四步迭代

谢尔宾斯基地毯店
The Sierpinski Carpet Store

如果你想从无穷岛上带一块设计精美的地毯回家,何不考虑一下谢尔宾斯基地毯店?最早的谢尔宾斯基地毯是一种类似门格尔海绵一面的方形设计(如对页图所示),这两种分形结构都是康托尔集合的高维(分别是二维和三维)扩展。与之相似的构图形式也可以拓展到别的形状。例如谢尔宾斯基三角形[以其提出者瓦茨瓦夫·谢尔宾斯基(Waclaw Sierpinski)的名字命名,其照片可见本页左上图]就是通过挖去三角形中间一个较小的三角形并不断对余下的三角形重复该步骤得到的。

得到该图形的前几步迭代如上图所示。我们可以看到,仅仅通过前四步的迭代得到的图案就已经十分复杂。和谢尔宾斯基地毯一样，这样的挖除过程可以无限地进行下去，从而得到一个无限复杂的图案。

谢尔宾斯基地毯和三角形属于 n 边平面分形，即从 n 边（有 n 条边的多边形）图案创造的分形结构。事实上，任何多边形都可以用来创造分形，例如通过六边形（六条边的多边形）得到的图案就是六边平面分形。

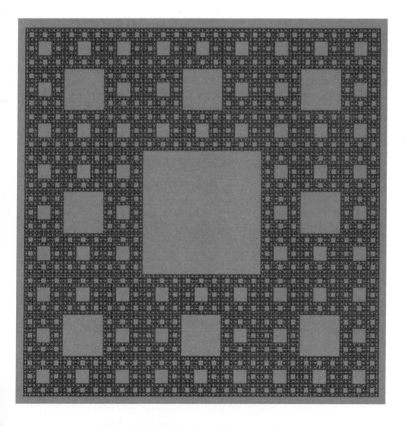

流数与水上运动
Fluxions and Watersports

想象你正躺在无穷岛的沙滩上，看着海上冲浪的人。前面的小艇拉着风筝冲浪者以一个恒定的加速度加速。而你或许想知道：在任意一个给定的时刻，我们该如何计算速率的改变程度（或者说加速度）呢？

正是这一类的问题令艾萨克·牛顿发展出了他的那一套**微积分**理论。这一理论无疑是 17 世纪后期数学界的一个重大发展（尽管牛顿当时思考更多的是天体运动以及苹果下落的问题，而不是风筝冲浪运动）。

当我们考虑一个描述曲线的方程时，就会引出一些问题。例如，对页图描述的是冲浪者的运动情况，他的距离与他开始冲浪后时间的平方成正比。

问题是，怎样求在这条曲线上任意一点的切线（即一条与曲线刚好接触于一点的直线）相对坐标轴的角度。牛顿的突破在于，他使用了与库萨的尼古拉以及卡瓦列里相似的方法来考虑这个问题：考虑这一点和位于这条曲线上另一点之间连接的线段，两点越近，它们之间的连线也越短。连接两点的线段长度缩短到无穷小的时候，这条线段的夹角也极度接近切线的夹角。事实上，这两个夹角的大小非常接近，我们已经可以把它们视为相等。（这不禁会让我们想起使用越来越小的线段测量

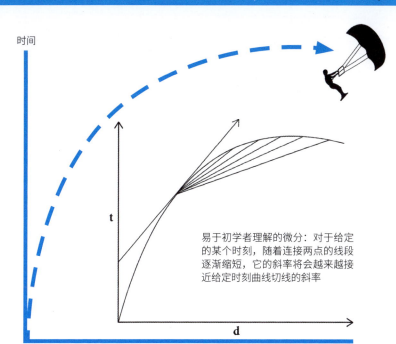

易于初学者理解的微分：对于给定的某个时刻，随着连接两点的线段逐渐缩短，它的斜率将会越来越接近给定时刻曲线切线的斜率

无穷岛海岸线长度一事。然而，相对海岸线的那种形状，对一条平滑曲线来说，这一过程最后将会得到一个收敛于某个极限值的结果，而不是发散到无穷大。）

　　牛顿将切线在某一瞬间的斜率称为**流数**，而我们现在则称之为**导数**，而对应的计算过程我们称之为**微分**，是微积分当中最基本的一种方法。在上文的案例中，时间平方的导数是 2×时间。我们首先计算了曲线上任意时刻某一点和接下来无穷小一段时间之后另一点之间的距离，再将这一距离除以对应的无穷小时间，从而得到了这一结果。

▪ **人物小传：**
 艾萨克·牛顿

　　艾萨克·牛顿（1643—1727）是一个复杂又多面的人。一方面，他无疑是一位天才，他发现的万有引力、运动定律以及他提出的那一套微积分算法，都大大改变了我们对宇宙的认识。但是另一方面，他又是一个脾气暴躁、颇有城府、极度傲慢的人。

　　他诸多非凡的发现都发生在 1665 年。那是一个奇迹般的年份：那一年，因为瘟疫暴发，牛顿不得不离开剑桥大学，回到自己的家中。作为一个天生的怀疑论者，他拒绝接受一些先驱的发现，不惜在自己身上做了许多试验，甚至为了研究光学，把一根针插进了自己的眼睛里面。

　　牛顿对于批评的态度也十分强硬。他与莱布尼茨在微积分的发明先后问题上（见下页）有着不小的争论，部分原因是他最初不愿意公布自己的微积分理论。除此之外，他与科学家罗伯特·胡克也有着终生的夙怨，而原因就是后者批评了他关于光和色的理论。1687 年，牛顿发表了他的著作《自然哲学的数学原理》，其中概述了自己的微积分理论、运动定律和万有引力理论。

莱布尼茨的微积分
Leibniz's Calculus

在牛顿发展他的那套微积分理论的同时，德国数学家戈特弗里德·威廉·莱布尼茨也在研究"求面积"的问题：计算一条给定曲线下方的面积。

他使用了这样一种方法：如下图所示，对于在曲线下面所描绘的一系列矩形，随着它们宽度的减小，每一个矩形面积都越来越接近对应的那段曲线下方区域的实际面积。当每个矩形的宽度减小到无穷小的时候，可以认为其面积之和就等于曲线下面的面积。以上就是现在被称为**积分**的方法背后的基本逻辑。

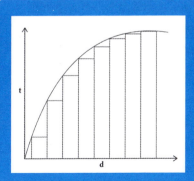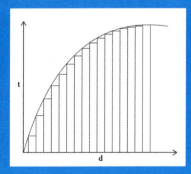

易于初学者理解的积分：随着矩形分割得越来越细，它们的总面积也越来越接近曲线下方所包含的面积

莱布尼茨也发展出了他自己的一套微分理论，使用的符号也比牛顿的更为优雅。他所使用的符号版本现在也已经成为标准：dx/dt（x 变化量除以对应的时间变化量）正是我们在微分中用来表示导数的常用方法。此外，我们也使用莱布尼茨的积分符号（$\int$）：它看起来就像是小提琴上面的那个 S 形孔。

　　微积分依赖于无穷小这一概念。而它也是第一种用在物理世界中，可以让我们精确分析动力学变化过程以及运动的数学方法。例如流体的运动以及对行星轨道的计算，等等，都离不开它。

　　正是由于微积分这一理论足以称得上是重大突破，因此究竟是谁真正发明了它，这一点在莱布尼茨和牛顿之间引起了巨大的争论。牛顿起初担心他会因为使用这种特殊的方法而遭到嘲笑，于是只是私下与别人交流过相关想法而没有公开发表。莱布尼茨在 1683 年发表了他的那套微积分理论，因此成为第一个发表这一理论的人。

　　尽管牛顿确实有一些证据表明他的一些微积分想法曾流传到莱布尼茨那里，但是很遗憾，他处理这个问题时态度极为傲慢自大。他要求英国皇家学会发表一份控告莱布尼茨罪行的报告，指责该德国人涉嫌抄袭剽窃。英国皇家学会也确实这么做了。不过后来，当人们知道指控报告的撰写人就是牛顿本人时，无疑大大降低了这一指控的影响力。无论曾经发生过多么不体面的争论，微积分已经成为数学的基础部分之一，而它也激励了人们意识到无穷小这一概念是多么有用，尽管这一概念本身依然没有被我们完全理解。

人物小传：
戈特弗里德·威廉·莱布尼茨

德国博学的通才戈特弗里德·威廉·莱布尼茨（1646—1716），与勒内·笛卡儿、巴鲁赫·斯宾诺莎并称17世纪欧洲三大理性主义哲学家。此外，他还是一位杰出的数学家。他可能是第一个通过使用数学函数来对一条曲线进行几何概念定义的人，他也使用矩阵这种古老的方法（最初由中  国数学家使用）来解方程。他还发展了一套二进制代码。

他通过对前人工作的重大改进，制造了一个实用的计算装置。为了实现这一目标，他发展了一套二进制系统——尽管以前出现过类似的想法，但他的这套系统却是专门为解决一台只有开／关两种状态的机器而发展起来的。因此，从这方面来说，他奠定了现代计算机运作的一个基础。

莱布尼茨曾受到早期数学家的影响，其中就包括库萨的尼古拉。他对不可分量这一概念一直很着迷。他是位于伦敦的英国皇家学会的成员，也因此有可能知道牛顿在研究与自己类似的问题。然而现在人们普遍认为，他当时并不知道关于牛顿的发现的任何细节信息，而是独立发展出自己那套微积分理论的。

"幽灵列车"
The Ghost Train

在无穷岛上有这样一列"幽灵列车"，它专为牛顿和莱布尼茨的微积分工作：因为关于微积分到底有多缜密还存在着争论。我们已经看到，在牛顿的那套微分法中，需要计算某一时刻和紧随着的下一时刻之间那无穷小的距离之差，并用这距离之差除以对应的无穷小时间差。而问题也随之出现了：当时间差无限趋近于零的时候，我们相当于是在做零除以零这样的事情，而这显然是不符合逻辑的。

以哲学著作闻名的乔治·贝克莱（George Berkeley）曾对微积分这一当时新兴的数学概念提出过尖锐的批评。尽管部分观点有些过分，但是他在质疑牛顿的流数术究竟是怎样一回事时，提出了一个合理的观点：

> 这些流数究竟是什么？它们是速度瞬息的增量。而这些个瞬息的增量又是什么？它们既不是有限的量，也不是无穷小的量，也不能说它们什么都不是。那我们不能称它们为已死量的幽灵吗？

或许它们确实是幽灵，但它们却非常有用……直到 19世纪，在两位数学家的努力下，才消除了微积分纯粹是幽灵列车的看法。1832 年，法国数学家奥古斯丁 - 路易·柯西（Augustin-Louis Cauchy）对"趋于一个极限"这个概念给出了更为正式的定义。这其中的基本思想是，相比于依赖实无穷小（无穷小的数字），我们应当注重某个测量或者函数在给定的数字越来越小的情形下的表现。

因此他没有将无穷小视作真实存在，而是将它们视为变量：我们只需要达到一个极小的水平（或者得到一个级数足够多的项），就能由此推断级数的极限将会趋于多少。

19 世纪 50 年代，德国数学家卡尔·特奥多尔·威廉·魏尔施特拉斯（Karl Theodor Wilhelm Weierstrass）将这一思路进一步推广，给出了收敛到某一极限的更正式定义。基于柯西以及捷克杰出数学家伯纳德·波尔查诺（Bernard Bolzano）的研究，他找到了一种可以避免将无穷小描述为变量的方法。

为了理解这一点，我们来考虑如下级数：

$1/2 + 1/4 + 1/8 + 1/16 + 1/32 + \cdots$

在魏尔施特拉斯的术语中，我们可以说这一级数的和是 1，只要这一级数的和与 1 的大小相差不超过某个给定值（他用希腊字母 ε 来表示）。尽管微积分最初诞生于无穷小、无穷级数等概念，但是现在论及微积分实际应用的时候，我们已不再需要讨论实无限还是潜无限的问题。

然而，实无穷小的概念在 20 世纪又重新面临审视，而后实无限这一概念又被赋予了新的生命。

▪ 人物小传：乔治·贝克莱

乔治·贝克莱（1685—1753）是一位爱尔兰主教和哲学家。除了对微积分幽灵的尖锐评论，他还提出了一个著名的疑问：如果一棵树倒在了一片森林里，但是没有人看到，那么这件事情是否真的发生了？这个看起来略显奇怪的问题源自他的主观唯心主义观念（认为一切事物存在与否取决于心灵上是否认为它存在）和非物质主义观念（认为物质不存在）。他的座右铭"存在即被感知"已总结了他的信念：所有的存在都是由主观意念构成的。

他对于微积分理论的攻讦源自他对持有不可知论观念的天文学家埃德蒙·哈雷（Edmond Halley）的怒火，而后者是牛顿的密友，帮助牛顿出版过著作。通过对微积分的攻讦，

贝克莱也间接地回应了这些科学家对于宗教的质疑，同时他也试图证明在运用这一数学方法的过程中所使用的无穷小正是一个如同信仰上帝的空灵概念。

▪ 人物小传：奥古斯丁-路易·柯西

法国大革命期间，法国数学家奥古斯丁-路易·柯西（1789—1857）一家逃离

了巴黎，也因此，他在孩提时代得以遇见数学家皮埃尔-西蒙·拉普拉斯（Pierre-Simon Laplace）。柯西最初的职业是工程师，但他在此期间完成了一些著名的数学论文。后来，在拉普拉斯的劝说下，他将数学作为了全职学术职业。他最著名的工作是关于分析数学以及置换群（由有限集合各元素的置换所构成的群），但他也厘清了微积分中的极限和连续性等概念，这些亦是极为重要的贡献。

▪ 人物小传：卡尔·魏尔施特拉斯

卡尔·魏尔施特拉斯（1815—1897），德国数学家，被称为现代分析之父。他进入大学后最初学习的是金融和法律，但是他认为这些科目枯燥乏味，转而投向了自己感兴趣的数学、科学和植物学。

除了进一步对微积分的基础给出严格的定义，为了使理论更加合理，他还在变分微积分领域做了重要的工作。波尔查诺-魏尔施特拉斯定理（在此我们不涉及太多细节，它主要涉及的是有界数列和收敛子列）最初是由伯纳德·波尔查诺发现，但魏尔施特拉斯重新发现了它，并在此过程中帮助最初发现者恢复了应有的声誉。他还是利奥波德·克罗内克（Leopold Kronecker，见第 142 页）的密友，但因为克罗内克抗拒无限等概念，两人也因此发生过争执。

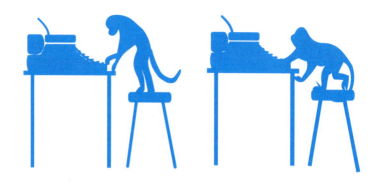

通天塔图书馆
The Library of Babel

　　无限猴子定理是一个非常有名的概念，它指的是，若有一群数目接近无限的猴子在接近无限的时间里随机打字，那么最终能够出产任何给定文本（例如莎士比亚的作品）的概率将会接近 100%。因此，理论上若让一群可充满无限空间的猴子来打字，那么最终，它们将会写出任一作品来——无论以何种语言写就，也无论是已发表作品还是未来将被写出的作品。

　　以上就是藏在豪尔赫·路易斯·博尔赫斯（Jorge Luis Borges）的小说《通天塔图书馆》背后的理论。在小说中，作者设想了一个巨大的图书馆，其中收藏了可能收藏到的所有文献资料。里面还住着形形色色的人物，包括正漂泊其中寻找自己传记以求探寻未来的人，以及为了能够使这汗牛充栋且杂乱无序的图书馆变得更有意义而销毁那些他们认为无意义作品的图书馆管理员。

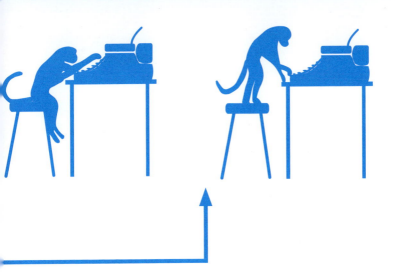

　　此外，他还描述了有人正在寻找可以完美索引这座图书馆的书，而且理论上，这本书正在图书馆的某个书架上躺着。

　　2003 年，普利茅斯大学的科学家尝试真的给一群猴子留下打字机，看看会发生什么，由此看看我们生活的这个有限世界和一个想象中纯粹的无限世界之间究竟有多大的差距。一个月以后，他们发现，这个由六只猕猴组成的群体根本没有打出任何有文学意义的内容来：它们的成果不过是五张纸——纸上是大部分由字母 S 组成的序列。此外，它们与打字机相处的时间里大部分是在用石头敲击打字机，或者在上面排便。

　　当然，出现以上差异的部分原因是，这些猴子在这种情况下的行为实际上并不是随机的。但是，如果真的有人最终能够找到一种方法来令猴子随机打字，那么在经过无限的时间之后，"通天塔图书馆"或许真有可能成为现实。

无限酒店走廊
The Infinite Hotel Corridors

待在无穷岛上期间，你最好记下到你酒店房间的具体路线，因为酒店里面的走廊是无限长的。不过从好的方面来说，这也意味着永远不会缺少住宿的地方！

而在另一位无穷岛伟大思想家伽利略·伽利雷发现无穷酒店里的房间编号存在一个奇特的特点之后，你想要找到自己的房间就变得更加困难了。1638 年，在著作《关于两门新科学的对话与数学证明》中，伽利略研究了由无限的力产生的悖论。这进而令他在无穷小的问题上展开了一次引人入胜的讨论，这一点我们将在稍后重新讨论。此外，他还把读者的注意力引到了另外一个问题上：关于数的系列的问

题。无论我们讨论的是实无限还是潜无限，其中涉及的数的系列无疑都是无限延伸的。按照伽利略的思路，我们首先把每个数字与其对应的平方数配对。请想象有这么两条无限长的酒店走廊，第一条（对页图）中，门牌编号是1，2，3，4，…而在第二条中，门牌编号是第一条走廊门牌编号的平方：1，4，9，16，…无疑，平方数只是自然数的一个子集，因此我们的第一感觉是自然数比平方数"多"。然而，伽利略注意到这样一个奇怪的事实，即必然存在与自然数"一样多"的平方数，这是因为我们可以找到每一个自然数对应的平方数。

这也就意味着，当我们在谈论无限的时候，整体的一个子集必然与这个整体"一样大"。对于其中元素可以和整体元素一一对应的子集，该概念也同样成立，例如自然数的立方，甚至是质数。这一概念极为重要，它将是定义无限集极为关键的一点。

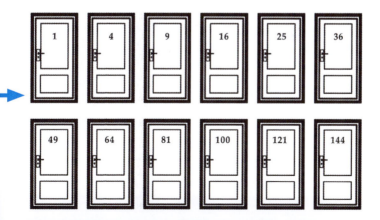

无穷岛美术馆
The Infinity Island Art Gallery

在参观岛上的美术馆时，你不妨花一点时间欣赏一下艺术家通过二维平面画作反映三维现实景物的方式。自伽利略时代以来，艺术家就利用透视原理来实现这一点。远距离物体比近距离物体画得小，这个做法由来已久。事实上，古希腊人就有透视理论，而古代中国人自前 2 世纪起就开始运用"斜透视"。不过数个世纪以来，艺术家更常见的做法是根据重要性来决定物体在作品中的大小，而且相比现实景物本身，他们更加注重作品的构图和表现力。现代的透视法直到文艺复兴时期才得到更广泛的使用。

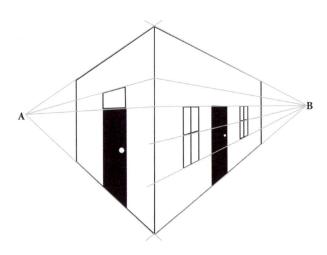

　　透视法的一个基本规则是，画出来的两条平行线会彼此形成一个角度，最终汇聚到**灭点**。那么，灭点应该在哪里呢？

　　请想象一下，倘若有一组铁轨在你的面前延伸到远处，铁轨的两条轨道仿佛在远方越靠越近，但实际上它们并不会真的交会，而且由于地球表面是弯曲的，这组铁轨最终将会消失在视线之外。不过，若是在一个无限平坦的平原之上，我们会看到这两条轨道似乎在地平线上相交，在现实中我们有的时候也会看到类似的情景。

　　对于平行线的相交，我们只能说它发生在"无穷远处"。在文艺复兴时期，艺术家创作时的一个重大突破就在于，他们认识到若要创造一个与实际相符的视角，唯一的途径就是在创作作品的时候必考虑无限远点。

埃舍尔的无限图案
Escher's Infinite Patterns

　　莫里茨·科内利斯·埃舍尔（Maurits Cornelis Escher，1898—1972）是他那个时代非常受欢迎的知名平面艺术家。他的石版画、木版画以及木刻直至今日依然在世界各地非常受欢迎。

　　他的许多设计中都存在数学和科学原理，他对于无限这一概念有着浓厚的兴趣。例如，他的一幅关于建筑的奇异作品中画着这样一种楼梯：一直爬却永远爬不到顶。这正是他对于无限痴迷的一种表现。

　　然而，埃舍尔却不限于此，他尝试寻找直接描绘无限的方法——特别是在木刻的几何图案作品中，如他的《越来越小》《圆极限》《方极限》等。在作品中，埃舍尔找到了细分有限空间的方法，以表明在作品构造中可以无限地细分到无限小。

　　这些作品中存在的自相似性不禁让人想起分形几何来。而更值得注意的是，埃舍尔本人就算得上是一名自学成才的数学家，因为他必须自己找到一些特殊的方法来手动分割其作品当中的图案。当然，他也不必对涉及的图案以及形状做什么正式的定义。

　　在无穷岛美术馆中，埃舍尔的伟大作品是永久展出的。

《圆极限》游戏：请注意作品图案结构在逐渐靠近圆的边缘时逐渐变小的细节。这也意味着它是一个分形图案作品

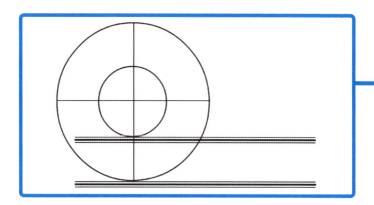

伽利略轮
The Galileo Wheel

　　在讨论无限悖论的时候，伽利略还描述了一个我们可以动手来考虑的特殊问题。如果想做一个伽利略轮，你最好准备两个木轮子，其中一个的直径是另外一个的两倍。将这两个轮子中心对齐，粘起来。然后，你需要设计两条互相平行的轨道，让这两个粘在一起的轮子可以分别置于这两条轨道上。接下来，把粘在一起的轮子如上图所示置于轨道上；将轮子转动 1/4 圈，如对页图所示。

　　在此过程中，伽利略注意到一个问题：相比小轮子，大轮子沿轨道前进的距离看起来要长很多。很显然，这两个轮子在轨道上滚过的圆周长度不一样。

　　讨论圆形轮子之前，伽利略已经考虑了轮子如果不是圆形而是多边形的情况。在这些情况下，可以更容易观察到究

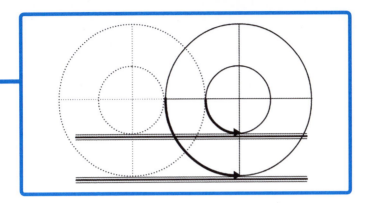

竟发生了什么。例如，如果我们有一组粘在一起的八边形轮子，那么很明显，在这两个轮子运动的过程中，大轮子将会把小轮子抬离它所对应的那条轨道。

如果我们有一组 10,000 条边的轮子，那么在大轮子运动一周的过程中，小轮子的运行轨迹将会与轨道接触 10,000 次，并且在这些接触之间还会有 10,000 条间隙。这些接触区间的长度加上间隙的长度将会等于大轮子运动轨迹的总长。

考虑到伽利略是在微积分出现之前考虑的这个问题，所以他的下一步思考也很有意思。他指出，我们可以用类似的方法来考虑圆形车轮的运动情况：小轮子在运动过程中无限次地与轨道接触，此外，也会被大轮子拖动着产生无限多的小间隙。

当然，在真实情形下，这即意味着存在摩擦，只有保持车轮和轨道高度润滑，小轮子才能够平稳运行。但是作为一个思维实验，伽利略描述这一想法的方式无疑是超前其所处时代的。

▪ 人物小传：伽利略·伽利雷

伽利略·伽利雷（1564—1642），意大利人，十分博学多才，在物理学、天文学、艺术和工程学等领域均做出了巨大贡献。他研究过速度、重力和自由落体，描述过钟摆的特性，发明了温度计，还是最早一批使用新发明的天文望远镜观测天体的人之一。在生命的最后几年，由于支持日心说以及哥白尼宇宙观，他受到软禁。在此期间，他完成了著作《关于两门新科学的对话与数学证明》。

▪ 人物小传：博纳文图拉·卡瓦列里

卡瓦列里出生于米兰。他曾加入米兰圣吉拉莫修道院，并于比萨大学就读。他的研究领域广泛，包括光学、运动学以及天文学，但成果更多体现在几何学上。他还与伽利略有大量的通信往来，后者鼓励他继续自己对新"原理"的研究。伽利略对他的评价也极高："自阿基米德以后，除了他，几乎没有人对几何学有这么深入的研究。"

这无疑是一句极大的赞美。

你的目的地：
今天的无穷岛

Your Destination:
Infinity Island Today

无论你是谁：傍晚请走出
你那了如指掌的房间；
你的家是近终远始之处：
无论你是谁。

莱内·马利亚·里尔克
（Rainer Maria Rilke）

从零到一再回来
From Zero to One and Back Again

在过去的两个世纪里，我们对无穷岛的理解有了很大的发展。现在之所以对它的地形有更清楚的了解，要归功于最近一些出色的探险家和他们的伟大发现。

例如，你在岛上逗留时可以踏上的一段极具启发性的旅程，就是从 0 走到 1。你可能会认为这只是一小步，但在实践的过程中，它却无比复杂。

首先，在 0 和 1 之间有着无限多的有理数。要证明这一点相当简单——我们已经知道了 1、2、3 这样的自然数是无穷无尽的。所以让我们写下"0."并在后面加上每个不以零结尾的自然数：

0.1，0.2，0.3，…

0.897，0.898，0.899，…

0.565471，0.565472，0.565743，…

通过这种方式，我们构造出了一个有理数列表的开头部分，这个列表永远不会有结尾，因为总会有更多不以 0 结尾的自然数。

下一个问题是，在给出这个列表时我们忽略了所有的无理数。例如，1 除以 π 的结果一定是在 0 和 1 之间。任何其他小于 π 的有理数在除以 π 时，情况都是一样的。

数学家伯纳德·波尔查诺也注意到，因为我们可以通过数学函数将 0 和 2 之间的每个数映射到 0 和 1 之间的每个数（反之亦然），那么尽管其中一个是另一个的子集，但这两个无限集也一定是"大小相同"的。（这也是伽利略注意到的自然数与其平方数数量相等的另一个应用。）

波尔查诺引入了**集合**的概念作为一种将数学的绝对基础形式化的方法。集合将成为无限理论中非常重要的一部分，因为它们让我们最终摆脱了实无限和潜无限之间的冲突。例如，波尔查诺将自然数视为一个完备集。这是一种由不同对象组成的定义明确的集合。比如，我们可以谈论字母表中的字母集：

{A，B，C，D，E，F，G，H，I，J，K，L，M，…}

或美国国旗中的颜色集：

{红色，白色，蓝色}

集合的一个很大的优点是可以通过其成员的特点来定义，而无须提供元素的完整列表。例如，在上面的字母列表中，我们在 M 的位置停了下来，但读者能够理解完整的集合还包括元素 N、O、P、Q 等。

用集合来定义数字集合使得用更严格的方法来讨论无限成为可能。

▪ 人物小传：伯纳德·波尔查诺

伯纳德·波尔查诺（1781—1848），捷克数学家和哲学家，在几何学、逻辑学和微积分方面做出了重要贡献。波尔查诺曾被任命为天主教神父和查理大学的宗教哲学系主任，但他在信仰和行为方面却并不"正统"：他通过布道和讲座宣扬和平主义等信仰，并倡导对少数种族宽容。

也因此，经过天主教会漫长的审判，他最终被解职，以"退休"的状态度过了余生，但却创作了许多有影响力的作品，其中就有直到他去世后才出版的数学名著《无穷悖论》。虽然他生前并不为人所熟知，但他处理极限的严格方法却在柯西和魏尔施特拉斯的工作中得到呼应；他在研究无限时引入的一些概念被康托尔提炼到集合论中；在《无穷悖论》中，波尔查诺是第一个使用"集合"这一术语的人，他创造的这个概念对格奥尔格·康托尔和理查德·戴德金（Richard Dedekind）等人产生了深远的影响。

无限可能世界图册
The Atlas of Infinite Possible Worlds

认为宇宙是无限的这种现代视野来自模态实在论。这是哲学家大卫·刘易斯（David K.Lewis）的心血结晶，他在1986年的《论世界的多样性》一书中详细表述了自己的想法。

刘易斯指出，概率论通常用分支因果路径代表不同的可能性。谈论（例如）俄罗斯轮盘赌的轮盘转动可能导致的不同结果时，我们可以说是在考虑结果会相应变化的不同可能世界。（这个想法在许多书籍和诸如《双面情人》这样的电影中被探究过。在这些作品中，主角在一瞬间做出的选择会将他们引入两个完全不同的故事中去。）

自莱布尼茨以来，哲学家们就已经论过在这个背景下的**可能世界**。然而，它们通常被视为潜在的不同现实。刘易斯对用这种方式对待可能世界所导致的哲学后果并不满意。相反，他认为这些可能世界不仅真实存在，且其数量必定是无穷无尽的。

例如，想想可能会导致这一天完全不同的成千上万个微小细节。如果我们将这些细节都当作可能分成两组不同世界的时刻，那么显然，在行星或宇宙的生命周期中存在的可能性是无限的。

对于我们谈论可能世界的方式，刘易斯提出了许多看法。

首先，他认为可能世界是存在的，它们与我们碰巧所生活的世界一样真实。其次，他认为可能世界是宇宙中不可简化的基本实体。在此基础上，他谈到**现实**是具有索引性的——这意味着当我们说"这就是现实世界"时其正确性是很显然的，就像我总是可以说"我现在在这里"一样：但我的"这里"和"现在"与你的并不相同，因为它们取决于我所在的时间和空间位置。

他还论证了可能世界在因果关系上彼此隔离，在一个可能世界中的事件不会对另一个可能世界的事件产生影响。

科学家和作家也对存在无限可能性的"多重宇宙"概念着迷。谈论可能世界的一个挑战就是要明确包括哪些"可能性"。

例如，我们是否可以想象一个 $2 + 2 = 5$ 的可能世界。也许答案是否定的。然而，美国理论物理学家布赖恩·格林（Brian Greene）讨论了不同类型的多重宇宙，包括每个可能事件必然发生无数次的"衍缝多重宇宙"，以及物理定律都不相同但在数学上可能的"终极宇宙"。

因此，在选择晚餐吃什么或者要订哪种鸡尾酒的时候，请记得要负责地选择，因为你的每一个决定都可能创造一个全新的世界！

对页图：你做出的每个二元决策都会创造出新的可能世界，一个世界对应着你可能做出的一种选择

戴德金剑舞
The Dedekind Sword Dance

集合在**戴德金分割**的概念中至关重要。这个概念是理查德·戴德金在 19 世纪提出的，是无穷岛上著名剑舞的灵感来源。通过将有理数分成 A 和 B 两个集合，可以定义有理数和无理数，其中 A 集合的所有元素都比 B 集合的要小。如果 B 中存在一个最小有理数，那么这个分割就定义了这个数。如

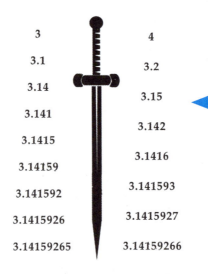

3	4
3.1	3.2
3.14	3.15
3.141	3.142
3.1415	3.1416
3.14159	3.141593
3.141592	3.1415927
3.1415926	3.14159266
3.14159265	

对于数 π 的戴德金分割，左右两侧简短地列举了一些集合 A 和 B 中的元素

果不存在，这个分割就定义了一个在数轴上的无理数（通过用比它大和比它小的有理数集合来定义）。

在此阶段，我们知道了从 0 到 1 的旅途有多么复杂，从任意某个数到另一个数的路径复杂程度也是类似的。

同样值得注意的是，随着波尔查诺引入集合，数学家已经足够习惯无限集的概念了，因为戴德金分割是对数轴上任何给定数字所在位置的最严格定义，而它依赖于比较两个有理数组成的无限集。

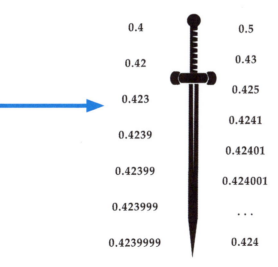

对于数 0.424 的戴德金分割：在戴德金剑舞中，你必须非常小心把脚落在哪里，因为每一步必须落在该剑无限锋利的刃口一侧

更多可以住宿和吃饭的地方
More Places to Stay & Eat

波尔查诺引入集合的概念之后，杰出的德国数学家格奥尔格·康托尔发展了**集合论**，改变了我们对无穷的现代理解。

事实证明，集合是定义一些数学思想基础时一种非常灵活的方式。例如，我们可以使用它来定义数字。将数字 4 直观地理解为所有具有四个元素的集合的集合：{ 狗的腿；单词"rain"中的字母个数；正方形边的数量；…}。

我们可以使用**维恩图**来定义集合之间的关系。例如，在

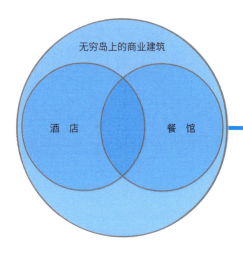

对页图中，最大的圆圈表示无穷岛上商业建筑的集合。其中一些是酒店，一些是餐馆，两个小圆圈重叠的部分是"既是餐馆又是酒店"。

在此基础上，我们可以使用**布尔逻辑**来定义集合之间的关系。任何知道如何编码或使用搜索引擎的人都会熟悉这种逻辑基本命令，也就是与（AND）、或（OR）和非（NOT）。例如在对页的维恩图中，两个小圆圈的总面积是酒店"或"餐馆的集合，重合部分是酒店"与"餐馆，而两个小圆圈之外的区域是"非"酒店或餐馆。

19世纪末，朱塞佩·皮亚诺（Giuseppe Peano）发明了一种使用集合定义所有数字的简单方法。要理解这一点，首先你需要知道的是它依赖于空集（我们使用符号∅来表示）的思想。从这个起点开始，皮亚诺使用这种逻辑扩展了数字系统。

　　0定义为∅（空集）
　　1定义为｛∅｝（包含一个空集的集合）
　　2定义为｛∅，｛∅｝｝（包含两个集合的集合，分别是空集和包含空集的集合）

乍看起来这似乎相当麻烦，但事实证明，这是一种高度严谨的定义数学运算的方法。多年来，皮亚诺的方法得到了改进，它也是使用集合论来巩固数学绝对基础的策梅洛 - 弗兰克尔系统的基本原理。然而正如我们将要看到的，即使是这种定义数字和数学的方式也包含一些不可避免的悖论。

基数游戏
The Cardinality Game

康托尔已经利用集合论建立了一种更清晰的方式来讨论涉及无限时所引发的一些问题，特别是在匹配两个数字组成的集合时会发生什么的问题上。

想象一下，在无穷岛保龄球馆里，你必须检查所有的左右脚鞋子是否能互相匹配。

一种方法是将所有右脚鞋放在一个盒子里，将所有左脚鞋放在另一个盒子里。现在，当你每次从右脚鞋盒子中取出一只鞋时，一名同事会从左脚鞋盒子中也取出一只。如果在这样做完之后，其中一个盒子中有剩下的鞋子，你就会知道它们没有匹配的鞋子。但是，如果你们同时拿光了盒子里的鞋子，那么你就可以确定左右脚鞋子的数量相同。

在数学术语中，我们会说右脚鞋的集合与左脚鞋的集合具有相同的基数。关键在于你不需要知道在任何一个盒子里有多少只鞋就可以确定它们具有相同的数量，因为你可以简

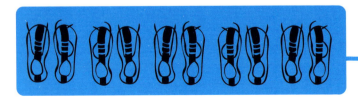

单地将它们——对应。

这就是当我们将 0 到 1 的实数集与 0 到 2 的实数集匹配，或者将自然数的平方集与自然数集匹配时所发生的事情。我们刚刚展示了两个集合具有相同的基数。

格奥尔格·康托尔（见下页）巧妙地使用了这个性质来定义无限集：简单地说，无限集就是"与自身的真子集——对应的集合"。这样做了以后，他发现一个明显的悖论，并且明白他将不得不接受这个矛盾，才能用集合论来处理无限的问题。

在康托尔自己的著作中，他倾向于谈论**超限数**，并且谨慎地表明实际上这些只是比任何有限数都大的数字。但现在大部分数学家认为这种谨慎是不必要的，并且认为这些数字就是无限。

很显然的是，利用基数的概念就可以借助自然数来定义某类无限集的大小。如果一个集合可以与自然数——对应，我们称其是**可数无限**的（这可能是一个令人困惑的术语，因为这并不意味着它真的可以被数出来）。康托尔将这个集合的基数称为阿列夫零，然后开始探索有哪些其他的集合具有相同的基数。

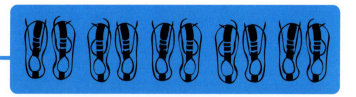

▪ 人物小传：
格奥尔格·康托尔

格奥尔格·康托尔（1845—1918）是无穷岛故事中的重要人物，他在 11 岁之前一直住在俄国的圣彼得堡。

父亲生病后，出于寻求更温和的气候，他们全家迁至德国。康托尔对数学有浓厚的兴趣，并前往柏林大学就读，利奥波德·克罗内克、卡尔·魏尔施特拉斯都曾是他的导师。他取得的第一个教职是在哈勒大学，一所较小的学术机构，而他原本希望能够进入一所更有声望的大学。然而，他在集合论和无限理论方面的工作使他成为一个有争议的人物，特别是克罗内克还阻碍了他的学术进展。

康托尔一直饱受抑郁症的折磨，这其中的原因就包括他的理论遭到了反对。有一次他甚至放弃了这个课题，转而教授哲学，并且对弗朗西斯·培根是否是莎士比亚戏剧和诗歌的"真正作者"这个问题异常着迷。

不过他还是回到了数学领域，还在他的超限理论上取得了进展。步入老年后，他的抑郁症复发了，并在第一次世界大战后期死于贫困。但那时人们已经越来越对他尊重有加，他的理论在 20 世纪也得到了广泛接受。

康托尔的对角骑行
Cantor's Diagonal Ride

在无穷岛主题公园中，有一个献给格奥尔格·康托尔的对角迷宫，以纪念他著名的论断和证明。他对无限集的定义已经表明我们可以在无限上加一（或者任何有限的数字），而结果会是无限。你甚至可以用无限乘无限来得到同样的结果。探索这在实际中意味着什么时，康托尔想知道有理数和自然数是否有相同的基数。出于这个目的，他想象把有理数放在下面的方阵中。

挑战在于找到一条通过迷宫的路径（或者画一条线）来带

1/1	1/2	1/3	1/4	1/5	1/6	1/7	...
2/1	2/2	2/3	2/4	2/5	2/6	2/7	...
3/1	3/2	3/3	3/4	3/5	3/6	3/7	...
4/1	4/2	4/3	4/4	4/5	4/6	4/7	...
5/1	5/2	5/3	5/4	5/5	5/6	5/7	...
6/1	6/2	6/3	6/4	6/5	6/6	6/7	...
7/1	7/2	7/3	7/4	7/5	7/6	7/7	...
...	...	...	...	...	...	...	...

1/1	1/2	1/3	1/4	1/5	1/6	1/7	...
2/1	2/2	2/3	2/4	2/5	2/6	2/7	...
3/1	3/2	3/3	3/4	3/5	3/6	3/7	...
4/1	4/2	4/3	4/4	4/5	4/6	4/7	...
5/1	5/2	5/3	5/4	5/5	5/6	5/7	...
6/1	6/2	6/3	6/4	6/5	6/6	6/7	...
7/1	7/2	7/3	7/4	7/5	7/6	7/7	...
...							

你经过每一个方格，并将每一个方格都与一个自然数相对应。简单！你开始将 1/1 与 1 对应，然后是 1/2 对应 2，2/1 对应 3，沿着上图画出的路径"走"下去。（需要注意的是，尽管有理数的表示形式会包含类似 1/2、2/4、3/6 这样的重复数字，但这并不重要；你在沿着对角路径走的时候只需要跳过这些重复的数就可以了）。

康托尔所发现的这个路径表明有理数的无限和整体自然数的无限具有相同的基数。因此依据常识就会被这种想法所吸引：无限怎么可能还有不同大小或者不同基数呢？

"比无限更大"的会是什么呢？

不过康托尔的下一个思想实验打消了这种疑问，并且使他确信存在比自然数更高等级的无限，也就是比无限（或者比用于表示有理数无限等级的"阿列夫零"）更大的超限数。

康托尔的对角线证明
Cantor's Diagonal Proof

警告：从这里开始，数学开始变得有点儿费脑子了……

康托尔的下一步是想象所有 0 到 1 之间的实数（包括有理数和无理数）组成的集合，并将它的元素列成一张表。显然，这会是无限长的，但是为了解释这个想法，请看下面这个高度简略的版本。

0.1000000000000…

0.2356766655555…

0.3333333333333…

0.3636363636363…

0.2736450000000…

0.6805849506004…

0.7473728495060…

0.8800000110000…

0.9599955037477…

0.4634567968574…

0.8394756483999…

0.8333747774712…

0.6374524431736…

请注意，对于数位较少的数（例如 0.1），我们用了零来填充空位，并且此列将无限地向右和向下延伸，因为对于有理数或无理数来说，可以有多少小数位并没有限制。（有理数的数字要么终止，要么循环延续下去，比如此列中的第3、4项。）

接下来，康托尔想象有条不紊地沿着此列向下更改第一个数中小数点后的第一数位，第二个数中的第二数位，第三个数中的第三数位，依此类推。在每种情况下，他将该数位的数字增加1（并将9都变为0）。

0.2000000000000…

0.2456766655555…

0.3343333333333…

0.3637363636363…

0.2736550000000…

0.6805859506004…

0.7473729495060…

0.8800000210000…

0.9599955047477…

0.4634567969574…

0.8394756483099…

0.8333747774722…

0.6374524431737…

最后，我们将所有这些改变的数放在一起，得到了无理数：0.2447559249027…令人惊讶的是，这个数根本不可能出现在这一列中，因为它至少有一个数位与其他数不同。这意味着我们已经证明,不可能将 0 到 1 之间的所有实数与自然数一一对应。自然数的无穷大还"没有大到"可以数出所有实数。

$$s_1 = 0\,0\,0\,0\,0\,0\,0\,0\,0\,0\,0\cdots$$
$$s_2 = 1\,1\,1\,1\,1\,1\,1\,1\,1\,1\,1\cdots$$
$$s_3 = 0\,1\,0\,1\,0\,1\,0\,1\,0\,1\,0\cdots$$
$$s_4 = 1\,0\,1\,0\,1\,0\,1\,0\,1\,0\,1\cdots$$
$$s_5 = 1\,1\,0\,1\,0\,1\,1\,0\,1\,0\,1\cdots$$
$$s_6 = 0\,0\,1\,1\,0\,1\,1\,0\,1\,1\,0\cdots$$
$$s_7 = 1\,0\,0\,0\,1\,0\,0\,0\,1\,0\,0\cdots$$
$$s_8 = 0\,0\,1\,1\,0\,0\,1\,1\,0\,0\,1\cdots$$
$$s_9 = 1\,1\,0\,0\,1\,1\,0\,0\,1\,1\,0\cdots$$
$$s_{10} = 1\,1\,0\,1\,1\,1\,0\,0\,1\,0\,1\cdots$$
$$s_{11} = 1\,1\,0\,1\,0\,1\,0\,0\,1\,0\,0\cdots$$
$$\vdots$$

$$s = 1\,0\,1\,1\,1\,0\,1\,0\,0\,1\,1\cdots$$

康托尔的对角线证明实际上使用的是无限的二进制数字序列(如右图所示)而不是十进制小数,但基本的方法是相同的。

这个论证经常让人们感到困惑和沮丧,并被康托尔同时代的人广泛拒绝。支持这一论证的大卫·希尔伯特(David Hilbert)为此辩护说:"没有人能把我们赶出康托尔为我们创造的天堂。"而对此怀有疑虑的路德维希·维特根斯坦(Ludwig Wittgenstein)则反驳说:"如果一个人能把它看成是数学家的天堂,为什么别人不能认为这是一个笑话?"

在互联网上搜索"康托尔的对角线证明"可以发现目前对于这一论证仍然有很多争议。反对者对此有着各种各样的反应,有人感到困惑,有人甚至气得"口吐白沫"——但平心而论,构造出一个完备可数的无限列表,这一点无疑是不可能的,因此这表明实数一定比有理数"更多"。

这是一个令人困惑的概念,但无论我们如何试图绕过它,不同"大小"的无限都必然存在。

希尔伯特旅馆
Hilbert's Hotel

希尔伯特旅馆是一个非常奇怪的地方，这是数学家大卫·希尔伯特在 20 世纪初最先想出来的概念，通过这一概念可以直观地理解康托尔所说的"不同大小"的无限。出发前往旅馆前，你首先要知道的就是它拥有无限多的房间，而且都已经住得满满当当。接下来你需要知道的是，带你去旅馆的长途车里载有无限多的旅客，他们每人都需要一个房间入住。

那么经理要怎么办呢？

嗯，这很容易：他只要让 1 号客房中的客人搬到 2 号客房，2 号客房的客人搬到 4 号客房，3 号客房的客人搬到 6 号客房，以此类推。现在所有偶数号房间都已经满了，但所有奇数号房间都是空的，于是旅馆就可以容纳下另一批无限多的客人了。

而当你所乘坐的并不是唯一一辆预定在今天到达的长途车的时候，就会引出下一个问题。如果有无限多的长途车到达，而且每一辆都载有无限多希望入住的旅客，那么经理可以使用别的技巧来重新安排客人吗？

事实证明，无论经理怎么努力，都没有办法做到这一点。

希尔伯特旅馆里一条没有尽头的走廊

如果你找到一种可以让旅馆的每位客人都搬到一个客房并且清空无限多客房的方法，那就可以让第一辆长途车的旅客填满所有的空房。为了在这个阶段腾出空间，你总是可以重复使用这个技巧。但是显然，你需要重复这个技巧无限多次，而这种事在这样一家悖论重重又让人摸不着头脑的地方也是不可能的。

这个思维实验的目的是想说明可数无限和不可数无限之间的差异。旅馆满员时，每个自然数都对应一位客人。一车无限多的旅客可以与现有的旅客一一对应，因此这是可数无限的一个例子。然而当无限多的长途车抵达时，就相当于试图将实数与自然数一一对应。正如康托尔用更正式的方式表明的那样，这是不可能做到的。

因此，无论它有多么违反直觉，实数都要比自然数"更多"，同理，经理也无法让所有旅客都入住旅馆。

不属于自己的俱乐部所组成的俱乐部
The COCWANMOT

在无穷岛上有各种各样的俱乐部，其中一些俱乐部对会员个人开放，而某些俱乐部则是将整个俱乐部当作成员。例如，板球社是体育社团俱乐部的成员，但不是小企业联合会的成员。

不属于自己的俱乐部所组成的俱乐部（The Club of Clubs Which Are Not Members Of Themselves, COCWANMOT）是一个非常自相矛盾的地方。板球社显然是该俱乐部的成员，因为它不是自身的成员。而岛上所有俱乐部的俱乐部都必须包括自身。

然而，当我们询问 COCWANMOT 是否是其自身的成员时，真正的问题就来了。如果是，那么这是一个明显的悖论；但如果它不是自身的成员，那么它在逻辑上就应该是自身的成员了。

无论采用哪种方式，逻辑似乎都会崩溃。

这似乎是一个略显荒谬的思想实验，但它是讨论集合论和数学基础上一个重要问题（罗素悖论）的一种方式。伯特兰·罗素（Bertrand Russell，照片见对页）在 1901 年提出了他著名的悖论。他讨论的不是俱乐部，而是所有不属于自身的集合的集合。

正是由于罗素和阿尔弗雷德·诺思·怀特海（Alfred North

Whitehead）合作致力于用集合论来建构逻辑上一致的数学基础，这个悖论引起了人们极大的担忧。集合是"任何可定义的一组对象"。由于COCWANMOT是可定义的一组对象，这种集合将会破坏为集合论建立一致基础的任何尝试。在策梅洛－弗兰克尔系统中，通  过定义集合的方式来处理罗素悖论，这时满足给定条件的一组对象并不是必须存在的。这在某些方面解决了这个问题，而罗素则发展了替代策略，从而使自己的研究为这一悖论留有余地。然而在 1931 年，25 岁的数学家库尔特·哥德尔证明了他的一系列**不完备性定理**，这些定理论证了在定义数学基础时所遇到的更广泛的相关问题。第一定理表明，逻辑一致的系统必然是不完备的，这意味着我们总是能够构造诸如罗素悖论这种既非真也非假的陈述。第二定理表明，没有逻辑系统可以证明系统自身是一致的。

不完备性定理（以及图灵的证明——不存在算法可以解决我们遇到动物园忙碌的海狸时所提到的停机问题）揭示出了一件事，正是对于无穷的思考以及利用集合论解决其悖论的尝试，让数学家们面临更加奇怪的新发现和新挑战。

你的度假岛
Your Holiday Island

　　证明实数的基数大于有理数的基数之后，格奥尔格·康托尔想知道是否还有尚未被发现的更大超限数。

　　他的对角线证明基于 0 和 1 之间的实数集合，我们可以将其视为"线上的每一点"。那么这组一维的点与一组二维的点相比会如何呢？

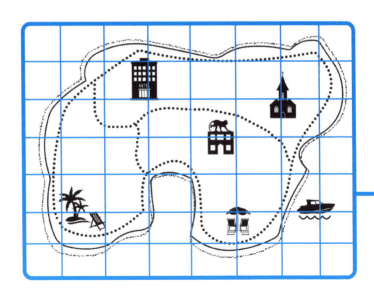

在对页的示意图上，任何给定的点都可以通过给出 x 和 y 坐标精确得到（如果需要的话也会使用无理数坐标）。自从勒内·笛卡儿 17 世纪发明用坐标来定义平面上的点后，该方法已经获得普遍使用。康托尔意识到，可以将示意图上的任何一组坐标（每个坐标轴的范围都是从 0 到 1）与 0 到 1 之间的数字相匹配。

例如，想象一下我们想标记岛上最喜欢的酒吧的地址，它的 x 坐标是 0.327364555…，y 坐标是 0.274645389…。我们想简便记录下该处，所需要做的只是将两个坐标数字的小数点后每一位交替放到一个数字中，也就是 0.322774366445535859…

这就一下子表明了二维空间中点的个数与一维线上点的个数相同。因此两者必须与实数具有相同的基数。

更令人困惑的是，同样的思想实验可以扩展到三维空间，以及任何有限维数的 n 维空间。这是因为我们可以使用与康托尔偶然发现的技巧基本相同的方法来交替放入 3 个、4 个、5 个或 n 个坐标的数字中的每一位。

然而，我们无法在 n 为无限时做到这一点。所以在向我们表明平面或立体中的点与线上的点同样多的同时，康托尔还发现了更高层次的无限。

在对页的示意图上，我们标出了希尔伯特旅馆、无限猴子博物馆、康托尔对角主题公园、芝诺海滩和伽利略旅馆

游览正方形
A Square Excursion

　　康托尔表明一条线上的点与一个正方形中的点具有相同的无限基数之后，数学家们就如何诠释这个概念感到茫然无措。例如，朱塞佩·皮亚诺就探讨过怎样一笔画成一条线，使其能通过正方形中的每个点。

　　他在 1890 年提出的**皮亚诺曲线**是曼德尔布罗分形的先驱，其**概念依赖于自相似性**。从下图左下方的简单形状开始，可以用所示的方式反复修改图案。由于总可以用这种方法来填充已有线段之间的间隙，因此每次迭代都会越来越接近接触正方形的每一个点，并且该过程可以无限地持续下去，从而确实可以经过正方形上的每一点。皮亚诺对可视化的演示持怀疑态度（与严格的分析证明相反），所以他只是用几何术

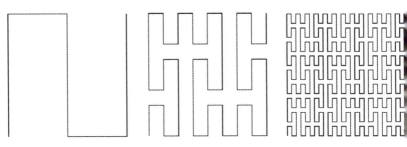

皮亚诺曲线（前三次迭代）

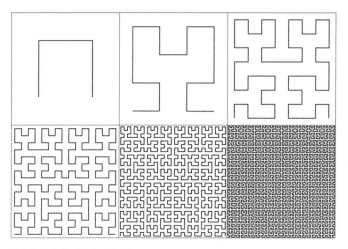

希尔伯特曲线（前六次迭代）

语来描述形状，而没有提供可视化的解释。

　　这显然使皮亚诺曲线的传播只限于可以理解皮亚诺描述的一小群学者。一年后，相比之下显然更多一点儿"表演技巧"的大卫·希尔伯特对曲线做了一些变化：他发表他的迭代曲线时，搭配了实际图像。他的版本被称为**希尔伯特曲线**，类似结构的类别通常被称为**空间填充曲线**。

　　与许多分形形状一样，最终的形状具有矛盾的特性——特别是这条无限长而且可以放入一个有限区域内的线（如果我们接受理论上这个过程可以无限持续的话）。

永恒珠宝店
The Eternal Jewellers

在你游览无穷岛时，可能会希望拜访无穷珠宝店。永恒之戒已成为恒久爱情的象征，代表着永恒的信仰和忠诚。土耳其有一个传统，通过精心设计，让三枚缠绕在一起的戒指组成一个结。这种戒指通常用作结婚纪念日的礼物也可以作为长久友谊的象征。

从 20 世纪 60 年代开始，一种更为"高阶"的版本在美国及其他国家广泛销售。当时的宝石商人戴比尔斯（De Beers）与苏联有贸易往来，这使他们几乎能够垄断钻石供应，其中一部分业务是供应大量未切割的小钻石。他们将这些宝石按照重复的图案镶嵌在戒指上，并将它们作为婚姻中信仰和爱情的象征卖给已婚夫妇。

可能更美妙的选择是其上描绘了无限符号的戒指，特别是由独立珠宝艺术商创作的那些。这样的戒指在寓意爱情永恒的同时，也表明了无穷的概念已经被我们的文化所接受并深嵌其中了。

想象未来的无限
Imagining Future Infinities

将地球当成无尽空间中唯一有人居住的世界就像断言一整片麦田中只有一颗谷粒会生长一样荒谬。

希俄斯岛的梅特罗多鲁斯
(Metrodorus of Chios)

到达无限，超越无限
To Infinity and Beyond

一个有趣的问题是，无穷岛将来是否会成为一个更加令人惊奇的度假胜地。岛上已经有至少两个令人难以置信的路标指向了比自然数集（阿列夫零）更大的无穷。

首先，集合论的一个基本思想是，给定一个集合，我们可以通过"该集合的所有子集的集合"构造出一个更大的集合。这被称为**幂集**。例如，这是一个包含字母 A、B 和 C 的集合。

{A，B，C}

以下是这个集合的所有子集：

{A}

{B}

{C}

{A，B}

{A，C}

{B，C}

{A，B，C}

{∅}

从包含三个元素的集合出发，我们构造出了一个由子集构成、包含 8 个元素的集合。类似地，集合 {1，2，3，4} 具有如下所示的子集：

{ ∅ }

{1}

{2}

{3}

{4}

{1，2}

{1，3}

{1，4}

{2，3}

{2，4}

{3，4}

{1，2，3}

{1，2，4}

{1，3，4}

{2，3，4}

{1，2，3，4}

在这里，原集合的四个元素为我们提供了包含 16 个元素的幂集。使用组合学（或帕斯卡三角形）很容易证明，包含 n 个元素的集合，其幂集将包含 2^n 个元素。

通过考虑阿列夫零的所有有限和无限子集的集合，康托尔证明了实数集合的基数（也称连续统的基数）必须是 2 的阿列夫零次幂。这为我们提供了一种方法，可以用来生成具有越来越大基数的无限，因为我们现在可以继续考虑这个集合所有的有限和无限子集的集合，这将是 2 的（2 的阿列夫零次幂）次幂。不过还有另外一种更复杂的方法来实现更大无限的想法……

镜中奇遇
And Through the Looking Glass

在平常谈到的数学知识中，我们可以将数字定义为基数或者序数，但它们之间的差别实际上很小。正如我们所看到的，**基数**衡量集合中有多少元素，**序数**通过集合中元素的顺序来衡量集合。为了理解这一点，请将自然基数看成一、二、三……而序数是第一、第二、第三……涉及集合时，这显然会导致重大的差别。集合 {A，B，C} 和 {B，C，A} 基数相同但序数不同。

康托尔从**阿列夫一**开始，使用序数来定义比**阿列夫零**更高的阿列夫数。为了达到这一目的，我们首先还需要用小写的希腊字母欧米伽（ω）来表示自然序数的完备集。为了超越 ω，我们可以使用与皮亚诺定义自然数时类似的方法：达到 ω 之后移动到 $\omega + 1$ 时再次从头数自然数：阿列夫零、1、2、3…该集合具有与阿列夫零相同的基数，但显然因为元素的顺序不同所以序数不同。我们只能与集合的第一部分建立一一对应的关系。

再次达到阿列夫零时，我们可以将此数字称为 $\omega \times 2$，然后重新开始这个过程。通过重复该过程，我们可以继续生成越来越多的序数。康托尔将阿列夫一定义为所有可数序数集合的基数。这是一个比所有可数序数都大的序数，因此它像实数一样，是一个不可数集合。

目前我们已经发现了两种不同的方法来得到更高等级的无限集。人们自然会思考，两者是否只是通往同一目的地的不同路径。换句话说，"阿列夫一"与"2的阿列夫零次幂"（实数的基数）是否相同？康托尔认为这两者是相同的，这被称为连续统假设，而它仍然是一个尚未被解决的重要问题。仅有两次针对这个问题的突破，但也解释得模糊不清，因此依然不尽如人意。1940年，库尔特·哥德尔证明连续统假设与策梅洛-弗兰克尔系统并不矛盾。1963年，保罗·寇恩（Paul Cohen）证明它与系统无关，这意味着理论上无论有没有这个假设，你都可以得到一致的数学。

所以，我们越是探索无穷的兔子洞，就越会感到含混。在刘易斯·卡罗尔（Lewis Carroll）的《爱丽丝镜中奇遇记》中，白女王对相信"早餐前多达六件不可能的事情……"的重要性发表了评论。当我们接受无限的概念时，已经在想象一些在某种意义上比物理宇宙更大的事物了。感谢康托尔让我们知道了无限并不是结束。现在甚至有数学家需要涉足类似阿列夫二或者阿列夫三这样更高级别的阿列夫概念了。

确实，越来越让人好奇了。

小径分岔的花园
The Garden of Forking Paths

通天塔图书馆的建筑师豪尔赫·路易斯·博尔赫斯是无穷岛上令人惊叹不已的作家。作为小说和非虚构作品的杰出创作者，博尔赫斯在数学领域具有很高的造诣，着迷于集合论及其悖论、康托尔的理论以及数学基础的相关问题。

在 1936 年发表的一篇名为《环形废墟》的小说中，他考虑了宇宙在时间和质量上无穷的概念，认为在这样一个宇宙中，所有事件乃至最微小的细节都不可避免地无限次重复。[哲学家弗里德里希·尼采（Friedrich Nietzsche）在谈到"永恒轮回"时也提到了这个想法——他的建议是，如果不得不考虑无限次重复每一个行为，我们对生活的态度就会改变。]

博尔赫斯的短篇小说《阿莱夫》[1]的名字显然来源于康托

---

1 阿莱夫和阿列夫的原文拼写均为 Aleph。

尔命名的无限等级。故事中的阿莱夫是空间中一个包含了其他所有可能点的神秘一点——凝视阿莱夫，你可以从各个角度同时看到宇宙中的一切。（作者承认，这种景象确实存在着让你发疯的危险。）

在《沙之书》中，叙事者得到了一本印度古代同名书籍。该书名字来源于"这书像沙一样无始无终"这样一个奇怪的事实：他惊讶地发现，这本用不可读的语言写成的书自身会无限制地延伸——内文的前后页面似乎都变得越来越多。

叙事者痴迷于编目这个奇特人工制品中的插图和文字。不过最后他意识到了它对自己产生了恶劣的影响。起初他打算烧掉它，但后来他想到这会导致无休无止的烟雾，进而污染世界。所以他决定不烧毁这件可怕的东西，而是把它带到国家图书馆，隐藏在众多书目中，祈祷它永远不会被发现。

最后，博尔赫斯对无限文学做出的另一份独特贡献是《小径分岔的花园》。主要人物余准博士在逃跑时拜访了艾伯特博士。艾伯特博士着迷于作家彭㝡（余准的先人）。书中的这位作家想要构建一个无限的迷宫，并将他自己的一本书命名为《小径分岔的花园》。书中人物艾伯特最终明白了小说本身就是迷宫——它的目的是描述一个每时每刻所有可能结果都会立即发生的世界。显然，这预示了很多科幻故事以及可能世界的哲学思想。

故事没有描述太多细节，而是以不同路径汇合的精妙实例结尾，因为此时此刻，余准同样在一个决定命运的选择中同时面临失败与胜利。

无限不可能性引擎
The Infinite Improbability Drive

如果博尔赫斯是无穷岛上最伟大的诗人，那么道格拉斯·亚当斯（Douglas Adams）就是岛上最优秀的喜剧人。作

为《银河系漫游指南》的作者，他对科学和数学有着很好的理解。虽然在小说中使用悖论通常是为了搞笑，但他常常触及有趣的观点。

在《银河系漫游指南》中，他描述了一个能容纳一艘飞船的巨大房间，这个房间大到令人感到它是无限的，甚至比无限本身还要大。他指出，抬头仰望夜空就是仰望无限，但因为难以理解，也就失去了意义。然而矛盾的是，一个大到可以让你理解其面积之广的巨大房间竟比真实的无限更令人敬畏。

在续作《宇宙尽头的餐馆》中，亚当斯想出了一个奇特的商业模式——同名的餐馆存在于时间泡中，而其所有者可

以控制时间。因此，所有者可以举办晚宴，让用餐者观看宇宙的毁灭，所有者还可以在平行的时间流中为不同批次的客人无限重复这一过程。

然而亚当斯最引人注目的发明还是无限不可能性引擎。他首先提出这样一个概念：科学家已经发现了通过控制不可能性引擎来制造微微扰动现实的方法，这种引擎可以利用纯粹的不可能性并将其转化为力量，这个想法使创造者可以在想象那些会产生最多能量的荒唐事的过程中获得极大的乐趣。

最终，一名想知道如何创造一个更强大的不可能性引擎的年轻学生提出了一个想法，也就是计算出无限版本不可能性的精确值，并将这个数输入有限不可能性产生仪。

由此产生的无限不可能性引擎使得这名学生获得了银河学院的无比聪明奖，但这之后不久，他就被嫉妒他的教授们以私刑处死。

无限不可能性引擎驱动着宇宙中最强大的太空船，但却有着让极不可能的事情发生的特殊副作用。例如在普格瑞尔大陆丢下 239,000 个煎蛋，而那里除了一名幸存者，其他人都已经在饥荒中丧生；还自发地将一对核导弹变成一头鲸和一盆矮牵牛花。

无限动物园
The Infinite Zoo

> 博物学家观察到，
>
> 咬他的跳蚤身上还有小跳蚤；
>
> 小跳蚤还会被更小的跳蚤咬；
>
> 哪里才是尽头无人知晓。

  乔纳森·斯威夫特（Jonathan Swift）的这首诗值得深思一会儿。鉴于演化过程的无限可能，实际上是否存在无止境小（或无止境大）的动物呢？换句话说，无穷岛动物园里是否会包含无限多各种体形和大小的动物？

  答案可能是否定的。动物体形的大小存在着特定的限制。这些根植于演化需求，例如食物供给、天敌、代谢需求和温度控制，等等。猛犸象或恐龙等大型动物需要消耗极大量的有限食物资源，并且在栖息地和疾病方面也面临着特定的某种问题。

  在尺度的另一端，生命确实可以在微观上非常小。蓟马是一种微小的昆虫，体长通常不到一毫米。但是有小得多的昆虫会将卵产在蓟马卵内。仙女蜂（*Megaphragma mymaripenne*）是一种微小的黄蜂，虽然只有变形虫那么大，但它却有着眼睛、大脑、翅膀、肌肉和内脏。不过，生命形式的大小也是有下限的。我们所知道的所有生命都是以细胞为基础，功能性细胞能有多小是有限度的。低于限度，任何其他可以想象的生命形式就都是由原子组成，并且原子的大小也有下限。

这是**粒度**概念的一个例子。虽然我们可以想象无穷大或无穷小，但科学经常处理的是具有物理限制的主体——具有粒度的物质是在达到最小尺寸之前只能被有限划分为更小部分的物质。

在物理学中，我们使用普朗克单位来表示可以被测量或者能量可以作用其中的最小物质。例如，普朗克时间是光子在真空中行进一个普朗克长度所需要的时间。

科学理论必须选择是将物质和现象视为连续且无限可分的还是具有粒度的——在某些情况下，这种选择会对解释宇宙所需的理论产生重大影响。所以虽然我们现在已经适应无限的想法了，但有时候坚持有限仍然是最好的。

有限主义俱乐部
The Finitist Club

上帝创造了整数，所有别的数都是人造的。

——利奥波德·克罗内克

关于无穷岛是否真正存在的古老争论从未完全消失。正如我们在上一节所看到的那样，粒度的问题表明在物理领域，实体或测量能达到多大或多小都存在着真正的限制。尽管如此，许多科学结论在将空间和时间视为连续且无限可分的情况下依然成立。数学领域中，康托尔引入他的集合论后，人们在讨论将其作为数学逻辑的基础时，有不少人试图将无限排除在外，这些反对者中不乏平日比大众更理性的人。

康托尔昔日的老师利奥波德·克罗内克（见上图）对他关于存在不同层次无限的发现感到特别愤怒。克罗内克的理论观点极为保守，甚至到了对无理数也感到不舒服的地步，因此康托尔的观点对他来说是一种可怕的颠覆。

更不幸的是，他还是一位学术权威。他不遗余力地阻止康托尔获得教职以及在任何地方发表论文。正如我们将看到的，这严重影响了康托尔的情绪和心理健康。不过康托尔最终被称为天才，而克罗内克则被认为是一名坏脾气的学究。

大卫·希尔伯特是一位优秀的数学家，因为梳理出了 20 世纪最重要的 23 个问题（称为希尔伯特问题）以及创造性地提出了希尔伯特旅馆的概念而闻名。他解决无限悖论的方法是将有限的数学对象（作为"实在对象"）与无限的数学对象（他称之为"理想对象"）区分开来。他想避免提及无限，采用纯粹的**有限主义**创造数学的逻辑基础。

然而，在哥德尔的不完备性定理证明这项任务徒劳无功之后，大部分数学家认为，策梅洛 - 弗兰克尔系统作为逻辑基础已经足够一致了，即使没有什么能证明这一点。

结果，无限变得越来越受尊重，关于该领域内实无限的形而上学的争论越来越少。不过仍然有人对此表示怀疑：20 世纪末，约翰·佩恩·梅伯里（John Penn Mayberry）提出了被称为"欧几里得算术"的超有限数学系统。他甚至拒绝自然数可以通过"＋1"的迭代完全构造出来的概念——这样的观点导致了另外一种观点：即使非常大的有限数字，其起源也是可疑的，因此应该与康托尔所描述的更加稀奇的无限序数和无限基数一起被摒弃。

所以，即使在今天，也不是每个人都相信无穷岛真正存在……

无限的危险
The Perils of Infinity

> 正如我所解释的，人的不幸来自他的伟大；因为在他的内在有一种无限，纵使用尽心机也无法把这种无限完全埋葬在有限之下。
>
> ——托马斯·卡莱尔（Thomas Carlyle）

我们已经看到了利奥波德·克罗内克对康托尔超限层级的信念是多么不安。他辩称："我不知道康托尔的理论中占主导的是哲学还是神学，但我确信那里没有数学。"

认识到了自己正在研究的无限领域和神圣奥秘之间存在的联系，康托尔情绪似乎很激动，也很紧张。他对克罗内克的干涉感到非常沮丧和愤怒；当提交给期刊的论文因备受争议而被拒绝时，他感到非常震惊。1884 年，在约斯塔·米塔格 - 莱弗勒（Gösta Mittag-Leffler）担任编辑的期刊《数学学报》（*Acta Mathematica*）拒绝了他的论文后，康托尔患上了严重的抑郁症，向米塔格 - 莱弗勒寄去了五十多封攻击克罗内克的信件后，他退出数学研究多年。

后来，病情有所好转后，他尝试了与年长的数学家和解并进一步完善自己的研究，却在 1899 年再度入院。在 1903 年的一次学术会议上，一名学者试图证明他的理论有误时

（虽然"证明"在几天内就被发现有错），他被吓坏了。尽管杰出的研究成果开始获得越来越多的认可，但他晚年一直在遭受抑郁症的折磨。

发现不完备性定理的库尔特·哥德尔也有不同程度的精神问题，情绪不稳定。20 世纪 40 年代逃离纳粹的迫害之后，他成为阿尔弗雷德·爱因斯坦的密友。

然而，生活和工作压力逐渐让他变得越来越偏执古怪。他深信心目中的英雄之一莱布尼茨遭受了压制思想的阴谋，并开始执着于一系列其他的阴谋论。

当患上十二指肠溃疡时，他选择自己治疗（主要是禁食）。之后的几年里，他对中毒产生了强烈恐惧，除非是妻子阿黛尔亲手准备的食物，否则他统统拒绝食用。所以 1977 年妻子住院时，库尔特因拒绝进食而患上严重的营养不良，并于 1978 年初在普林斯顿的一家医院去世。

当然，认为这两位伟人的苦难纯粹源于对无限的研究是不对的。两个人各自都有其他早已存在的情绪问题。例如，康托尔可能一直患有双相情感障碍。但他最严重的那次抑郁发作似乎确实是其理论引发的争议所导致的。

最后，我们不应该得出任何类似"无穷岛可以导致你发疯"这种简单粗暴的结论。与之相应，我们应该感激的是，康托尔和哥德尔等思想家已经为探索无穷岛的地形开展了很多困难而艰巨的工作。他们的研究为理解这个奇怪的地方提供了必要的概念框架。

无穷岛电影院
The Infinity Island Cinema

如果想在旅途中去趟电影院，那么在看哪部电影的问题上你当然有无限的选择。然而，事实上关于数学的电影并不多。让我们从开始就接受这个事实吧：好莱坞不喜欢数学，还倾向于传播"疯狂天才"的陈词滥调。在许多电影中都有数学家的角色，但他们通常被塑造成用记号笔在窗户或镜子上就近涂写方程式的不安灵魂。这样虽然拍摄效果很好，但总是会让人奇怪为什么他们不抓起手头的笔记本。

例如马特·达蒙主演的《心灵捕手》，开场就是一名恰好是数学天才的看门人正在浴室镜子上涂鸦。罗素·克劳在《美丽心灵》中扮演数学家小约翰·福布斯·纳什（John Forbes Nash Jr）时，也是忙于在宿舍的窗户上书写。

《情深我心》是对物理学家理查德·费曼（Richard Feynman）早年的一个不错呈现，正是他解决了我们在本书中看到的一些问题。例如，在讨论图灵的停机问题时，他曾经表达过沮丧："无论某个时间区域和空间区域多么微小，都可能需要无数次逻辑运算才能弄清楚其中发生了什么。"介绍印度杰出数学家斯里尼瓦瑟·拉马努金（Srinivasa Ramanujan）的电影《知无涯者》也有其魅力，尽管在描述拉马努金的证明时有些神秘主义倾向，认为他的一些证明"来自上帝"。

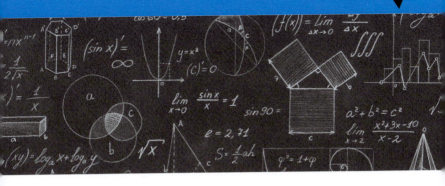

2008 年的纪录片《危险的知识》中，疯狂天才的陈词滥调再次出现。片中包括格奥尔格·康托尔、艾伦·图灵和库尔特·哥德尔［以及路德维希·玻尔兹曼（Ludwig Boltzmann）］，生平逸事虽然介绍得很好，然而总是游走在戏剧化的边缘，暗示这些天才都因为思考无限而发疯。这些并不是在客观地展现他们复杂的生活。

大卫·福斯特·华莱士（David Foster Wallace）曾写过一部关于无限的话题性作品，叫作《穿过一条街的方法》。在书中，他对美化"患有精神病的数学家"的倾向牢骚满腹，将这种陈词滥调与"游侠骑士、受辱圣徒、受尽折磨的艺术家，疯狂科学家"类比。他提醒我们，在过去，无限是恐惧和精神错乱的潜在根源——正如希腊语"无定"（apeiron）所表明的那样。根据华莱士的说法，虽然康托尔的工作可能是他自身苦难的部分原因，但讽刺的是，这却使我们不再需要像古人一样害怕无限。因此他认为康托尔不应该被描述成受害者，而应该与圣乔治相提并论，被视为杀掉无限这条恶龙的勇士。

我们现在在哪儿
Where Are We Now?

有两种事物是无限的，一是宇宙，二是人类的愚蠢。但宇宙我还说不准。

——阿尔伯特·爱因斯坦

18世纪，哲学家大卫·休谟（David Hume）邀请读者想象一张纸上的墨点。当你走远时，墨点依然可见，直到变成小小一点然后消失。这是他用来反驳人类思维可以思考任何无穷大或无穷小东西的诸多论据之一。这个论证与粒度的概念相关，因为它们都表明超出一定的大小后，根本不可能在"有"和"无"之间进行有意义的区分。

近年来，哲学家达勒·雅凯特（Dale Jacquette）重新审视了他的论证。雅凯特没有全盘接受休谟的结论，但提倡尽可能避免使用无限，而是使用"无尽"的概念（有限但超出我们能想到的最大或最小的东西）。

在数学中，关于无限的地位，争论也在继续。我们已经看到大卫·希尔伯特在20世纪20年代是如何担心无限的相关数学研究可能会引领一个危险的研究方向，并建议数学家尽可能地找到使用有限主义的逻辑方法。1924年的巴拿赫-塔斯基悖论加剧了这个问题的"严重性"。该悖论采用无限主义的

数学来证明可以将球体分解成无限的点，然后将它们重组为两个球体，而这两个球体的大小与原始球体相同（见上图）。

然而，无限主义的数学已被用于其他领域并产生了巨大的影响。例如，安德鲁·怀尔斯（Andrew Wiles）在1994年（费马提出问题357年后）对费马大定理的非凡证明主要是基于涉及无限的方法。虽然今天大多数数学家接受使用无限主义的逻辑，但也有迹象表明，有可能调和有限和无限。2016年，数学家横山启太（Keita Yokoyama）和卢多维克·帕泰（Ludovic Patey）在研究关于对的拉姆齐定理（Ramsey's theorem for pairs）。这是一个解释起来很复杂的定理，但它大致上要求我们想象一个无限集，然后考虑各种连接组合如何互相关联。

令人着迷的是，虽然这是一个关于无限集的定理，但它是"有限可简化的"——在强度和结构上等同于一个不需要无限的逻辑系统。有人认为他们的工作可以在有限和无限之间架起一座新的桥梁。他们的工作展示出了一条通向数学逻辑系统的路径，这个系统在某些方面是有限的，但也可以处理无限的问题。

无穷小的复兴
The Infinitesimal Revival

正如我们之前看到的那样，在柯西、魏尔施特拉斯和波尔查诺的工作之后，无穷小逐渐被微积分中严格使用的极限所取代。结果，即使是康托尔的追随者，多数也放弃了对无穷小的正式使用。

然而，20 世纪下半叶，无穷小有所复兴。1948 年，埃德温·休伊特（Edwin Hewitt）引入了**超实数**这个概念来指代实数系统的扩展，其中无穷小是无限数域的倒数（任何数字 n 的倒数等于"1 除以 n"）。

20 世纪 60 年代，数学家亚伯拉罕·鲁滨逊（Abraham Robinson，见对页图）重提了戈特弗里德·威廉·莱布尼茨的观点，并引用他的话说："无穷小的理论需要引入与实数相比可能是无穷小或无穷大但是又与实数具有相同属性的理想数。"

鲁滨逊使用一种被称为非标准分析的新方法来证明，当且仅当实数在逻辑上一致时，超实数在逻辑上是一致的。这消除了人们对涉及无穷小的证明可能靠不住的担心。

这意味着微积分的研究已经走过了一个完整循环：从牛顿的流数术和贝克莱的批评，到将无穷小排除在标准数学之外，再到重新接受它们可以在形式上变得严谨。例如，H. 杰

尔姆·基斯勒（H. Jerome Keisler）在他的《基本微积分：一种无穷小的方法》一书中，就使用超实数创建了一个逻辑基础系统。除了形式数学，非标准分析已经在概率和流体力学等各个领域找到了重要的实际应用。例如，只有在模型中使用无穷小概念时，将布朗运动建模为随机游走才是完全准确的。

因此，潜无限和实无限之间的明显冲突（以及数学有限主义和无限主义之间的相应争论）正逐渐得到解决，非标准分析的发展就是另一个证据。

在未来，访问无穷岛可能不会被视为在未知领域的异常冒险，相反，它可能被当成一种日常必需。

无限的未来
The Infinite Future

> 问题的关键在于，在一个无限、永恒的宇宙中，任何事情都是可能的，我们甚至不可能触及所有可能性的表面。
>
> —— 斯坦利·库布里克（Stanley Kubrick）

既然我们已经探索了无穷岛的一些外围区域，那么我们未来应该期待些什么呢？例如，宇宙是否存在着开始和结束，宇宙会在无限远的未来继续存在吗？在一些宗教传统中，认为是上帝创造了宇宙，而在这些宗教的个别派别里，上帝最终还会摧毁它。

其他宗教有着不同的宇宙观。在耆那教的思想中，宇宙无始无终，并非造物。佛教认为所有的存在都是永恒不变的。印度教虽然包含各种各样的宇宙论，但它在很大程度上将宇宙描绘成周期性的，存在于无休止的创造和毁灭的循环中——一些印度教经文还写到过，我们的宇宙只是众多宇宙中的一个。

现代科学家倾向于接受我们的宇宙是在"大爆炸"中创造的。然而，这留下了许多有待解答的问题——首先，这意味着我们无法知道在大爆炸"之前"是否有任何东西。其次，关于宇宙将如何结束的理论也有很多种——有些人认为它可

现代技术可以让我们看到宇宙惊人的过去，但未来仍然是不确定的

以继续无限扩张；另一些人认为，它将以热寂结束，此时所有的能量都被消耗掉了；或者是"大坍缩"——大爆炸逆转过来将所有的物质压缩到一个很小的空间里。这又回到了印度教将宇宙视为一个循环的概念——如果宇宙遵循膨胀然后坍缩成虚无的无限循环，那我们的大爆炸也许只是众多回大爆炸中的一次？

　　关于宇宙终结的科学性思考，所面临的一个显而易见的问题是没有办法证明这样一个关于遥远未来的理论。你能够确定宇宙在空间或时间上无限的唯一方法就是前往无限远并再次回来。而且，正如我们在本漫游指南中所看到的那样，这是一段美丽迷人的旅程——但却只能在想象中完成。

术语表

Glossary

阿列夫零（Aleph-null）： 所有自然数集的基数或"大小"；"最小"的无限。

阿列夫一（Aleph-one）： 比自然数集更大的集合的基数，或"大小"大于自然数集的集合，康托尔假设它是实数的基数。

无定（apeiron）： 古希腊语，指无限或无界的东西。

布尔逻辑（Boolean logic）： 代数的一个形式分支，其中所有取值都可以简化为真或假。

忙碌的海狸（busy beavers）： 用于衡量停止图灵机所需步数的一系列越来越庞大的数字。

微积分（Calculus）： 有关连续变化的数学研究，用于计算曲线下的面积，或曲线上给定点的倾斜角等。

基数（cardinality）： 通过集合中元素的数量来衡量一个集合的大小。

卡瓦列里原理（Cavalieri's method）： 微积分的前身，依赖于不可分量。

收敛级数（convergent series）： 试图求出无穷级数的和时，如果它的极限趋近于有限的值，那么这个级数是收敛的。

可数无限（countable infinity）： 如果一个集合可以与自然数一一对应，那么它就是可数无限的，且其基数为阿列夫零。

发散级数（divergent series）： 试图求出无穷级数的和时，如果它的极限趋近于无限的值，那么这个级数是发散的。

戴德金分割（Dedekind cut）： 将数字定义为数轴上两个无限有理数集之间的点的一种形式化方法。

微分（differentiation）： 在微积分中，衡量变化率的方法。

有限（finite）： 在尺度或范围上有限的。

有限主义（finitist）：认为数学基础可以通过仅使用有限量的方法推导出来的信仰。

流数术（fluxions）：艾萨克·牛顿对导数的命名，用于微积分的微分方法中。

分形（Fractal）：一种包含了自相似性质的极复杂图案。

古戈尔（foogol）：10 的 100 次方。

古戈尔普勒克斯（foogolplex）：10 的古戈尔次方。

粒度（franularity）：由不可分割的元素组成且不是无限可分的物质属性。

虚数（imaginary number）：计算中需要用到负数的平方根时所用到的数字，例如 i 是 –1 的平方根。

不可分量（indivisibles）：无穷小概念的一种早期版本，在发明微积分之前使用。

无穷（infinite）：在尺度或范围上无限的。

无穷级数（Infinite series）：数学中的无穷级数指一个无限长的序列，其中每个项由算法定义其和初始量的关系。另见收敛级数和发散级数。

无穷小量（Infinitesimals）：无限小的量。

无限主义（Infinitist）：认为数学基础需要用到无限量方法的信仰。

无限镜（infinity mirror）：一种包含两个平行的镜子和灯泡的装置，灯泡的光可以被反射到无限远的距离。

不完备性定理（incompleteness theorems）：两个论证了为什么不可能存在一个完备的形式化公理系统作为基本算术的基础的定理。

积分（Integration）：在微积分中，不定积分是从函数的导数推导出原函数的方法，定积分是计算给定曲线下围成面积的方法。

无理数（Irrational number）：不能表示为两个整数之比的数。

双纽线（lemniscate）：无限符号，类似于 8 侧倒的图形。

无限（limitless）：一种不依赖于无限大概念描述无限事物的方式。

梅森素数（Mersenne prime）：比 2 的某个次方小 1 的素数。

穷竭法（method of Exhaustion, The）：早期用于计算圆和其他形状曲线面积的方法。

多重宇宙（Multiverse）：一种认为我们的宇宙只是众多可能世界中的一个的观念。

序数（ordinality）：一种通过数字在列表中的顺序而不是大小来定义数字的方法。

圆周率（Pi）：圆的周长与直径之比，既是无理数，也是超越数。

可能世界（possible worlds）：不同决策和事件导致的替代现实。

潜无限（Potential infinity）：亚里士多德的观念，旨在承认无限的数学用途而不承认它是真实存在。

素数（prime number）：即质数，1 以外只能被自身和 1 整除的整数，其集合是无限的。

有理数（rational number）：可以表示为两个整数之比的数。

自相似（self-similarity）：分形的特性，图案的任意一小部分在任何放大倍数下都与更大层级的图案相似。

集合论（Set theory）：研究集合属性，特别是数定义的数学逻辑分支。

集合（Sets）：可以被当成一个研究对象的一组研究对象。

化圆为方（squaring the circle）：通过尺规作图得到一个与给定的圆形面积相同的正方形的方法。

超越数（transcendental number）：非代数数，即不能成为整系数多项式的根的数。

超限数（transfinite numbers）：格奥尔格·康托尔提出的无限数术语，指一个大于所有有限数的数字。

上箭头符号（Up-arrow notation）：采用简单的记号来描述巨大数字的方法。

灭点（vanishing point）：绘画中地平线上两条平行线相交的点。

维恩图（Venn diagrams）：显示一组集合之间逻辑关系的图。

索 引

Index

图片版权

Picture credits

除以下图片，全书插图或图片均由戴安娜·劳（Diane Law）绘制。